擁抱愛情的不可預測，更有智慧地去愛

愛能長久嗎？

Can Love Last

Stephen A. Mitchell
史帝芬・米契爾　著

suncolor
三采文化

「在我看來，當代思想最大的缺陷在於相較於未知，我們對已知的事物過於敬畏。」

——法國詩人、超現實主義大家，安德烈．布勒東（André Breton）

「哦，我也曾青春年少，蒙受他的恩寵，時光掌握著我的青翠與死亡，縱然我隨大海般的潮汐而歌唱。」

——威爾斯詩人，狄蘭．湯瑪斯（Dylan Thomas）

目錄

CONTENTS

推薦序

我們並非不愛，而是害怕受傷害

鐘穎　愛智者書窩版主、心理學作家

為什麼愛情無法長久？

因為投射會收回，對方不可能永遠活成我們心中的百分百男孩或女孩。但作者史帝芬．米契爾（Stephen A. Mitchell），給出了更細膩的解釋：**因為愛很危險**。

它讓我們自我敞開，讓關係對未知開放，而這危及了我們對安全感的追求。試想，如果我們這麼愛對方，你怎麼敢去冒失去這段關係的風險？

所以，最保險的方式，就是和我們的無意識共謀，一起替這份浪漫愛「降級」，使它變成親人之愛，讓它失去期待。

談到愛的經典，你或許會想到佛洛姆（Erich Fromm）的《愛的藝術》（*The Art of Loving*），但和你想的不同，這本愛的經典在述及愛情時，並沒有給出相應的篇幅。**似乎在佛洛姆的觀點裡，浪漫之愛令人困惑，難以系統化**，細心的讀者可以感覺到他對愛情的貶低以及恐懼。沒錯，愛是危險的。

這份危險的情感，讓我們經常把愛與性相連，也讓我們認為，只要把性從愛之中剝除，愛就可以變得純粹。第一代分析師芮克（Theodore Reik）就為此專門立論，將愛與性分離看待。在他的觀點裡，性是驅使，愛是渴切；性是嫉妒與占有，而愛則剛好相反。

他對愛的理想化令人動容。

著名作家魯易斯（C. S. Lewis）的態度比較折衷。他同樣認為性與愛兩者不同，性想要的是它，是那回事；而愛想要的則是那個人。

他認為愛會削減性的糾纏，讓性慾變得更容易。

雖如此，他還是對性做出了平衡報導，認為愛是飛翔，性則讓我們發現，其實自己是牽著線的氣球。而且愛情不僅非常短命，太順服於它，還很容易讓人成魔。

所以他提醒我們，至高總是與至低相隨，性與愛都不能過於神聖化。

然而，愛真是如此純粹又崇高的情感嗎？若真如此，這份情感為何那麼短暫，經常會在關係穩定之後，隨性衝動與激情的消失而煙消雲散？這些問題依舊沒得到解決。

這不禁令人感嘆，在愛的面前，即使有那麼多聰明的腦袋，似乎也永遠不夠用。

但史帝芬·米契爾既不美化愛，也不貶低它，他選擇直接面對，在這份未知而且變化快速的感情之中找到它潛意識的根源，其根源就是**我們想要將愛定型**，**但辦不到**。

他告訴我們，愛情很美好，但在現實關係中，人不能忍受自己不穩定。它是海邊的沙堡，而我們期待它永遠長存。

讓生命長存的方法只有一個，那就是奪去它的生命。無形的愛因此變成了一段具體的「關係」，可以預期、可以經營、換句話說，可以像一張表格那樣做計畫。但生命不能計畫，因為它會自主發展。

我們掌控愛的嘗試都註定會失敗，因為它會變化。每當我們自以為了解了愛，我們就阻礙了對它的進一步了解。因為愛跟生命一樣，總是自我更新，它會進化。因此愛變得很危險，它的本質不可預期。

所以史帝芬．米契爾對愛情提出了令人信服的解釋：**越是長期的關係**，**其中越是隱藏著巨大的攻擊性**。這跟人們以為的相反，因為我們假定，一段長期的穩固關係總是平淡且乏味。但那只是表面，它的平淡只說明了我們很愛對方。

為什麼呢？為了不讓自己受到愛的激情所攻擊，我們會蔑視、詆毀長期伴侶。是的，我瞧不起我老公，他嫌棄他的老婆。鄙視的背後說明了我們之間曾經激情四射，它真正的目的是自我保護。

所以只有貶低我們的愛情，它才不那麼危險。否則我會覺得很無助，因為愛情讓人卑微，而我對你的渴望時時折磨著我。

但「熟悉」卻會讓你不再吸引人，讓一切變得安全。只是它最終會淘空激情，讓愛情被迫死去。性之所以變成例行公事也是相同原因，雙方越是彼此依賴，性激情就越危險。

所以**我們並非不愛，而是害怕受傷害**。

推論至此，作者終於替佛洛姆回答了那個他在《愛的藝術》中未能回答的問題：**愛的能力是什麼？愛的能力就是容忍和修復憎恨的能力**。容納攻擊性，是愛的前提。

史帝芬．米契爾被視為關係精神分析的領導者，而愛情則是所有關係中最令人困惑又最讓人著迷的。這本書是他的遺作，謝謝他以及所有前輩分析師在這項議題上的不懈努力。

如果你曾跟我一樣深思愛為何物，曾為愛糾結與犯錯，那麼你必會在書架上預留這本書的位置，因為它代表著深度心理學對此議題的非凡貢獻，是我們對人性深度所做的卓越探索。

導讀

打開你我心底的密室

瑪格麗特．布萊克（Margaret J.Black）
持照臨床社會工作者（LCSW）

我們身處的世界，充滿了才華橫溢的思想家。人類逐漸掌握透過人工智慧，複製出我們自身智慧的潛能，關於該領域的詳細闡述也與時俱進、越來越豐富。遺傳學領域也包含許多高深的知識，隨著研究的推進，人類製造出有能力獨立存活的複製人之可能性也越來越大。

以上讓人驚嘆的資訊洪流，不時衝擊著我們的思想。然而，**我們日常生活中最觸動人心的議題卻依舊模糊不清、神祕未解**，僅僅停留在概念的描述，實踐層面則仍懸而未決、難以令人滿意。

生命僅有一次，誰不希望它充實又富有意義，希望能終生維繫與另一半的愛意與激情？大多數人，都渴望與某個重要他人享有一份激情的愛：從愛意萌芽，繼之以濃情，長長久久。

然而，我們似乎也時常提出這些問題：是什麼讓人覺得親密關係既飽含激情又富有意義？這種富有意義的激情能經久不衰嗎？考慮到種種無可避免的挑戰——為生計而奔波、處理家庭瑣事、養兒育女、日漸衰老——在這些狀況沖刷下，愛與激情何以倖存呢？

這個問題，就連那些最傑出的思想家似乎也很難給出答案。

用精神分析，討論生命與愛情

佛洛伊德（Sigmund Freud）作為精神分析的開創者，儘管有著非凡的天賦、著作等身，但其理論構想，對於理解親密關係也沒有多大幫助——當然，他甚至對這些問題的答案也不太樂觀。**在他對人類心理的構想中，性慾與激情與持久的愛意有著不同的起源**，前者是遠古的遺傳，後者則是文明的教化，兩者之間成反比且相互鎖定。關係中的性與激情，將不利於培養溫柔和尊重，反之亦然。

令精神分析聲名大噪的，無非是其對人類情感生活的深刻理解，但此時它似乎反而將我們帶進了概念上的死胡同。佛洛伊德所生活和著述的時代，距今已過去好幾十年，然而，在精神分析這樣一個從根本上影響了所有人的領域裡，幾乎不再有讓人耳目一新的新思想問世。

我和本書作者史帝芬．米契爾共同生活了近三十年，一起工作並成家。我一向欣賞他對待思想的普世態度，在當代和後現代智識風潮中，他的思想不斷發展，愉快地建構、解構那些透過廣泛閱讀和臨床工作搜羅而來的知識。

他生性嚴謹、理性而誠實，無論研究哪一門學科，都著迷於精妙的思維過程。史帝芬熱愛各種思想，喜歡和它們玩耍並將其拓展、觀察它們如何支撐起人們對問題的不斷探索。最重要的是，他喜歡與他人分享。他欣賞並感激他人的見解，將之視為慷慨的贈禮。

陪他去書店就像和孩子去糖果店一樣，最終我倆不得不離開時，沉甸甸的包裹裡總是裝滿了哲學書、詩集、新出版的小說、吸引他注意的晦澀難懂物理學書籍，還有認知科學、人工智慧、佛學方面的書，有時也有精神分析的作品。

我們的生活也有某種不成文的競爭：究竟是他會先把另一座書架塞滿？還是我能先一步把買來的畫裱好框、掛到牆上？他在運動時，也會透過錄音帶聆聽音樂史之類的課程。他更喜愛精彩的概念表達，當史帝芬偶然發現措辭優美，或者發人深省的表述時，都會向家人大聲朗讀他新發現的文句。

史帝芬從他的家族中，繼承了對權威結構的審慎態度，所以不管對專業領域的挑戰和質疑會帶來多少憂慮、煩惱和混亂不安，他每每都能掙脫精神分析中那些僵化原則的束縛。

在職業生涯早期，也就是他剛完成臨床訓練不久，「同性戀本質上是某種病態」的觀念仍根深蒂固，而**他正是傳統精神分析中第一批公開、有效地挑戰此觀念的人之一**。最終在他與其他人的努力下，成功讓這一錯誤概念從精神病學官方疾病術語中被移除。

史帝芬涉獵了大量精神分析文獻，在那個年代，這些文獻被嚴格劃分進互相競爭的幾個理論領域中，並且主要由經典佛洛伊德方法主導。這種主導取向宣稱，其他幾種非正統取向是非分析性的、邊緣化的。為了鼓勵更有開創性的見解，他創辦了雜誌〈精神分析對話〉（*Psychoanalytic Dialogues*），用以發表那些被認為並非經典、被邊緣化的著作，這對那個時代來說，是相當具革命性的創舉。

此外，史帝芬還在不同理論、信念的分析師之間，組織以相互尊重為前提的討論，使人們得以在互相對比的過程中，更加細緻地研究不同臨床取向和理論構想。他組織了多場會議，邀請各個學科的代表人物參加，研究人類經驗中種種常見問題。

史帝芬沉浸在精神分析的各個分支和種種爭議中，逐漸對那些他覺得相對不被主流承認，卻又具有擴展性和普及化潛力的思路產生興趣——儘管從表面上看來，這些思路都相互矛盾。他和志趣相投的同事一起重新定義了精神分析的項目，**將關注的焦點從解釋性慾、攻擊慾及消除症狀等方面，轉移到生活的品質、個人體驗的意義、自我意識和與他人的連結上**。

彼時的文化氛圍認為，分析師的知識和權威已定義了分析過程，而史帝芬的臨床方法則被定義為「關係取向精神分析」。其強調來訪者和分析師之間的協作和開放性參與，透過發人深省的提問讓來訪者實質上有能力參與諮詢過程，而不是假定分析師掌握某種特權般的知識，並有能力透過「陳述性詮釋」，便揭示來訪者心理上真正發生了什麼。

史帝芬對臨床工作中的許多問題都興趣十足，而「**如何保持關係中的激情**」這個問題始終縈繞在他心中，並頻繁成為他臨床著作中關注的焦點，以及我們彼此交流時的常見話題。

在仔細地保護來訪者身分和隱私的同時，我們也樂於和對方探討臨床工作中的困境，分享新穎的見解，深入反思臨床工作帶來的既困惑又迷人的議題。一位女性覺得和約會對象之間「不來電」，或一位男性不確定自己是否愛上了另一個人，這種現象背後隱含的劇本是什麼呢？該如何在治療過程中打破這些僵局，充分討論這些議題，並讓來訪者得到真正有意義的答案？

假使已婚或忠誠的伴侶出現頻繁的外遇，是否只是一種更加自由的性觀念表現，或是對伴侶多樣性的興趣展現？或者，這個解釋只是某種簡單而令人舒適的藉口，以掩蓋來訪者和伴侶間難以保持親密的真相？真命天子或真命天女是否真的存在？如果對象不是命中註定的人，感情終將會失敗嗎？一個人該在關係中付出多少精力？哪些活動能夠真正改善一段關係，而不是試圖透過乏味的過度分析，來逃避承認這段關係事實上已難以維繫？由於史帝芬和我共同生活了多年，也都非常關心彼此關係的品質，當來訪者因這類議題來尋求幫助時，我們總會覺得與來訪者之間產生了某種同盟關係。

有了你的思考，本書才完整

史帝芬不會隨意開展研究專案，他只被那些在他看來有缺陷或者見解過於狹隘的重要領域吸引。他關注的議題包括：精神分析專業的結構、同性戀者的邊緣化、精神分析領域中被剝奪了話語權的理念、作為一種治療方法並被重新概念化的精神分析等。過去他已撰寫許多書籍和論文，而現在，他想挑戰另一個真正困難的議題！他決定**系統化地思考和論述忠誠關係中的愛意和激情**。

在此研究中，他想要採用精神分析領域中最現代、更有開創性的見解，也為人們提供更多了解精神分析領域新成果的管道。在通俗文化中，人們頻繁地忽略這些最新的研究成果，並輕易、盲目地認為精神分析等同於過時的佛洛伊德思想。

史帝芬也使用精神分析領域以外的思想成就，包括哲學、史學、文學等領域，以便更深入、更有效地研討這些議題。他希望促進精神分析與更廣闊的思想世界之間建立更好的連結。

他接著得出的結論是：長久以來，精神分析既無必要，也無幫助地過分強調這門領域對思想問題的貢獻。因此，史帝芬決定這本書不應該針對專業精神分析師團體，而應該更面向普羅大眾。

讀者對這本書可以有哪些期待？多年來，史帝芬在私人學習小組裡教授過數百名學生。他在精神分析領域的教學十分傳奇：人們加入他的學習小組後，經常會持續數年沉浸其中，因為其內容從未冗餘重複，也從來沒有特定派別可以定義他的教學。有時他會和我談起某個令他沮喪的班級，那個班上的學生只有在閱讀到和自身觀點不同的內容時才會展現出批判性。

他如此描述自己的教學重點：努力點燃學生的好奇心，透過思考作者試圖解開的棘手難題，來激發學生的興趣，從新穎的角度審視同一個議題，或者在考量某位作者理論的背景後，嘗試理解他做出的貢獻背後的革命性。

某個學生便這樣記錄自己的學習經歷：「在學習小組中聽史帝芬

授課時，我總把他想像成一名織布工。他會將顏料和紋理添加到工藝複雜的紡織品上，充分運用每一根纖維、每一條思路。」史帝芬當然希望成為一位備受尊重的思想家，但他對學生是否支持他的某個具體見解並不感興趣，他只想激發學生去思考。

閱讀本書，就像加入這樣的學習小組。思考「愛情能否歷久不衰？」這個有趣的問題令人愉悅，本書有時也寫得詩意盎然，其中故事的困難情境和人物的內心掙扎皆會讓人感同身受。這絕對是一本發人深省的好書，它並不會像提供食物那樣，簡單地將資訊放上精美的盤子呈給讀者，讓他們被動地等待啟蒙。而是**像臨床工作一樣，本書的影響有力與否，取決於讀者是否在閱讀過程中參與、深入思考個人經驗**。

本書將潛移默化地邀請你和作者一起思考，共同剖析人們激情關係中的矛盾本性。並為讀者闡述人們在忠誠關係中，為了維繫浪漫而遭遇的種種挑戰。當你思考這些臨床資訊時，也請稍稍暫停，一同探索自身在這方面的思考和體驗。史帝芬邀請你與他合作，透過這樣的方式了解你的智慧、讓你更有能力將生活掌握在自己的手中。

最重要的是，我想你可能會帶著自身深深的感觸打開這本書。隨著持續閱讀下去，你可能會發現自己被帶入過往那些親身經歷的細節，進入那些私密關係的「縫隙」之間，也就是你過往可能從未真正思考過的陌生之地。你可能會發現自己既興致盎然又困惑迷茫，彷彿**內心被打開了一道門、進入一間你從不知道存在的房間**。

「愛情能否歷久不衰？」並不是史帝芬提出的反問，而是在向所有人發出的邀請，邀請我們和他一起思考人類在親密關係中體驗到最深刻、最根本的面向，並去探索、領悟出屬於我們自己的答案。

作者序

浪漫看似簡單，實則脆弱危險

西格蒙德．佛洛伊德對潛意識的發現，雖然是對西方文化的一大貢獻，卻在當時遭到普遍抵制。佛洛伊德曾嘗試歸因這種抵制為「**潛意識的發現，是對人類自戀的第三大強烈挫敗**」。

人類，甚至從不是自己的主人

其中，第一次挫敗來自宇宙學，也就是「哥白尼革命」。根據哥白尼（Nicolaus Copernicus）的理論，如果地球是繞著太陽轉，而不是太陽繞著地球轉，我們就不得不面對難以接受的事實：**人類並不身處宇宙的物理中心**。既不在宇宙的內核裡，更不在其中央。正好相反，地球還繞著另一個中心繞行。

第二次挫敗則來自生物學，即「達爾文革命」。若承認達爾文（Charles Darwin）的學說中，人類是由另外一種動物演化而成，人們也別無選擇，只得面對另一令人不安的真相：**人類並非天選之子**。我們不是在神明的靈感中，在一瞬間、一蹴而就地被設計出來，而是在漫長的時間裡，緩慢、逐步發展而來的。這種演化，源自生命體對環境變化的適應。

佛洛伊德則認為，他對人類自身重要性的評估，也就是對「潛意識」的發現，即是來自心理學的人類第三次挫敗，也是最具毀滅性的一次打擊。在佛洛伊德的發現之前，人類的重要性雖已處於不斷縮減的狀態——人類只是無限生命形式中的一種，並處於宇宙萬物的邊緣而非其中心，但在此之前，渺小的人類至少還能宣稱是自主的。

然而，佛洛伊德還是證明了：**人類甚至不是自己的主人，我們甚至無法管控自己的心智**。根據佛洛伊德的觀點，心智是一組包含了高層級和低層級的結構，也是由許多衝動所構成的迷宮式體系，這些衝動相互獨立地驅使著人的行動。假設心理是一座冰山，我們的意識體驗僅僅是冰山的頂端一角，而潛意識的心理過程，則占據了巨大冰山的其他部分。

這些潛意識的心理過程，以一種不被認知、沒有言語、難以理解、不容阻擋的方式，塑造著我們的動機、價值觀和行動。佛洛伊德認為，人類難以接受這些觀點。過去，我曾一直認為佛洛伊德錯了。但每一次智慧革命，都給人類的自我重要感帶來了直接傷害，這一點他無疑是正確的。不過，從佛洛伊德身處的歷史位置來看，他也許難以想像，每次智慧革命所帶來的失落，不久後都將被隨之而來的獲得感超越。

在哥白尼的理論提出的幾個世紀後，其真正的內涵才逐漸顯現。我們不僅不是宇宙萬物的中心，耀眼的太陽也只是數十億恆星中的一員，許多恆星甚至比太陽還閃耀。更令人震驚的是，在佛洛伊德去世多年後，隨著天文學家愛德溫・哈伯（Edwin Hubble）的發現，人類開始認識到，過去我們了解的許多恆星或擁有行星的類太陽系系統，實際上甚至屬於其他星系。銀河系只是無數星系之一，而現在這些星系正以驚人的速度互相遠離。

想到這些科學發展，我總是能感受到祖先在面對哥白尼的發現時的那種渺小感——這種感受在哥白尼時代非常容易理解，但在今天卻近乎古怪。人類究竟是如何看待自身的呢，是宇宙萬物的中心嗎？從今天的角度來看，**我們內心喪失了祖先所擁有的、幾乎占主導地位的自我重要感，但這似乎並沒有帶來嚴重後果，尤其相對於我們對宇宙**

的理解而言。

宇宙既讓我們的心神為之驚奇讚嘆，又讓我們的頭腦為之混亂。我們放棄了身處宇宙中心的主張，也使得我們更可能將自身視為如此非凡而宏大事物的參與者。對於哥白尼、甚至佛洛伊德來說，這都是無法想像的。

同樣的，達爾文非凡的天賦，使他在那個時代就理解了進化過程及其基本機制，人類因而從一個完全獨特於其他生命的神聖位置上猛然跌落。但即使一個半世紀過去了，我們仍在努力解決這一劇變帶來的諸多影響。

起初，那些最直接的挑戰似乎都指向有神論本身。如果信徒和非信徒都一致論證，認為我們不是由瞬間的創造而生的產物，那麼也許根本就不存在造物主。信仰神明原本貌似合理，但既然人類喪失了相對其他動物的特殊地位，似乎不可避免地導致人類不再相信神明存在的合理性。

借用哲學家尼采（Friedrich Nietzsche）的話來說，上帝和我們「高貴的自我重要感」一同死去了。

拋棄掌握一切的錯覺，是重拾真相之始

然而近年來，許多相對於神創論者更具思考深度的宗教思想家已證實：神創論和神明意志這一信仰，並不必然會隨著進化論而沒落。相反地，神學家開始用更複雜的術語來理解相關內容。而且，對於許多非宗教思想家來說，我們與自然和生命本身之間更深刻的關係，已然成為某種世俗信仰形式，廣泛出現於各式各樣的環境保護主義哲學中。

當我們把自己看作無數地球生命形式中的一個物種時，我們通常

不會感到渺小。反而，許多人透過領會自己在生態圈的渺小（或許同時感到身負重任），更能把自己體驗為生命本身不可分割的一部分，相信生命是如此豐盛而美妙，多姿多彩。

正如我們發現了自身與宇宙中心位置的偏離，認識到人類從自然界神聖地位上的跌落，佛洛伊德的發現，似乎也動搖了我們對人類心智的想象：**心智能夠洞明自身，並由有意識的理性所統治**。

這一動搖帶來了又一次難以承受的失落感，但正如哥白尼革命和達爾文革命那樣，隨著時間推移，佛洛伊德革命也會帶來助長自尊的潛在天賦——畢竟，人類過往助長自尊的努力始終微弱無力。從可獲得價值的角度來說，我們正在成為的自己，遠比過往一直捍衛的更有價值。

今日我們認識到，意識對心智的控制是有限的。但是，我們不僅僅擁有意識層面的心智，也擁有潛意識層面的心理過程，儘管這兩者相當不同。我們需要放棄某種傲慢，以換得參與更豐富事物的機會，這些事物終將比我們曾經所認為的自身更加豐富、更加複雜。

我們不再擁有對「意識層面的理性」這一狹小領域的管控特權。「人類是有著單一自我和洞明自身、自我生成、自我控制能力的主觀能動者」這種關於自我的觀點也一去不復返。我們發現，個體是多元化的，對某些體驗領域或多或少模糊不清，又對另一些體驗領域或多或少相對透明。

每個人都是多姿多彩的心靈聚合體。作為人類，現代人的自我似乎比歷史上過往任何時候都更加複雜，也更加牽連糾纏；**作為人類，我們需要發現自己、塑造自己、探索自己，以及控制自己**。

三十多年來，我一直從事精神分析和心理治療臨床實踐。這為我提供了有趣，且在某些方面很獨特的有利視角，讓我能夠觀察和參與到人們努力嘗試理解「我是什麼？」、「我是誰？」的過程。每天我都會反覆發現，人們試圖用各種各樣的方式控制生活和自身。這些控制方式總有某些明顯局限，我們卻很難對這些局限妥協。我們同時在意識層面和潛意識層面上堅持認為，我們對自己的感情、人際關係和命運擁有更多的控制權。

距今一百多年前，佛洛伊德引入了「思想的全能感」這一術語來形容這些幻想。如今，我們仍像佛洛伊德時代的人一樣，信奉著這種全能感。

我們的安全感源於對「一切盡在掌控中」的堅信，然而這些強加的虛幻控制感，卻抑制了生活的豐富多彩。全能感將真實的體驗降級為膚淺的操縱，越感到危險、越尋求控制；越努力維持虛幻的控制感，便有越多生命活力在此刻流逝。

歷久不衰的浪漫，本身即是矛盾？

本書的主題，主要關於浪漫及其衰退過程。之所以關注浪漫，是因為我想探索生活於二十世紀和二十一世紀之交的芸芸眾生[1]，為了獲得生命活力和意義所付出的艱苦努力。

生命活力和人生意義都難以獲得，那些心理自助技巧、流行心理學、大眾身心靈主題不計其數的系列書籍、雜誌和電視節目都能證明這一點。現代生活，從社會、經濟規模等各個方面來看，都無疑是困難、令人筋疲力盡又困惑的。

究竟是什麼賦予生命某種穩固的感受呢？是使命感和昂揚鬥志嗎？什麼使我們感覺不僅值得活著，還值得耕耘和品味生活呢？我認為，**浪漫與這些都有著莫大的關係**。

浪漫有許多不同形態，既包括我們與自身關係的浪漫，也包括與周圍世界關係的浪漫。此處所說的世界既有我們稱之為大自然的世界，也有人類所建構的世界。指向自我的浪漫，近來已經被濃縮為「自戀」這一術語，許多心理學家認為它對自我認同感至關重要。

而自然天性——也就是野性——對這個時代的許多人來說也極具誘惑力，那是他們渴望回歸的東西。雖然我們都會接觸到這兩種形態的浪漫，但本書主要是在探索「愛戀他人」這種浪漫形態。

在西方文明萌芽之時，古希臘哲學家亞里斯多德（Aristotle）就堅定地認為我們是社會性動物。但直到近幾十年來，我們才領會到自己是多麼徹底的社會性動物。人類大腦需要大量的社會互動和語言，才能完成神經系統的連結；我們需要照顧者的養育才能度過漫長的依賴期，也不可避免、無可逆轉地成為與照顧者異常相像的人。

1 編按：本書英文原版於二〇〇三年出版。

在成年時期，我們花費了大量時光與他人相處，包括共同生活、互相交往的真實存在的人；電視、電影、書籍等媒體中存在的虛構人物；獨處時，主觀世界中以記憶和內心存在等方式駐留的過往人物；用語言和符號系統，來思考和組織經驗的通用人物範本。也正因為生活是如此與他人息息相關，我們與他人關係的品質，便處於情感生活品質的核心地位。

「浪漫主義」是一種訴諸情感、想像和理想的文學形式，浪漫主義運動既是一場意識和藝術領域的革命，是一場朝著激情、悲劇和個人意義的轉變。正如哲學家以撒·伯林（Isaiah Berlin）所說：「這是西方生活中最深刻、最持久的轉變。」我們將持續探索這個人類體驗中普遍存在的歷史性轉變，以及這種轉變如何在我們這個時代人們的生命中逐漸變得鮮活的方式。

「浪漫」一詞在日常用語中，則指一種特殊的感受狀態，一種和另一個人關係的模式。它會生成強烈的情緒，激發著想像的遊戲，孕育著對理想對象的奉獻。浪漫的浮現與愛情有關，特別是那種蘊含了強大情慾洪流的愛情。浪漫更近乎墜入愛河，而不是身處愛河。

浪漫也與人生意義更相關，但不是由苦難和辛勞而來的那類沉重、重要的人生意義。**與浪漫有關的人生意義，是那種「人生值得度過」的感受**：一生之中，重要之事必能發生，也必會發生。然而，由於浪漫固有的不穩定性，悲劇經常和它相伴相生——藍調之音奏起，訴說著幽怨和悔恨，就如那些經典的浪漫主義故事一樣。

這個時代的人們尋求浪漫，為生活賦予意義。這通常有效，但只存在於俯仰之間。浪漫攝人心魂，讓人更加覺得「活著」是多麼的生動、深刻、令人興奮。

然而，關於浪漫，從高雅文化到街頭小報，這時代的人們談論的都是浪漫會逐漸衰退，稍縱即逝。真正的浪漫難以找尋，更難維繫。

它太容易降級為其他更不攝人心魄的、更缺少活力的形式，比如清醒的彼此尊重、純粹的性享樂、可以預期的長久陪伴，或者怨恨、愧疚、自哀自憐。

是什麼讓浪漫降級？大多數人都有自己的觀點，最受歡迎的觀點如下：浪漫會逐漸衰退，因為時間和成功都是它的敵人；浪漫因新鮮、神祕感和危險而高漲，又因熟悉而消散。因此，**「恆久不衰的浪漫」本身就是自相矛盾的一個詞**。

浪漫會逐漸衰退，因為它由性所驅動，而從本質上看，性是原始的。就其原始形態而言，性慾望並不是美好的東西，很難和浪漫愛情的其他特徵，比如相互尊重與賞識和諧相容。所以，浪漫往往會退化為平和的友誼或者純粹的性邂逅。

浪漫會逐漸衰退，因為它受到理想化所啟發。顧名思義，理想化是虛幻的。我們在幻想的魔力下墜入愛河，但時間是浪漫的敵人，因為時間會帶來真相，以及終不可免的幻滅。因此，浪漫經常會逐漸降級成清醒且冷淡的尊重，或者痛苦的失望。

浪漫會逐漸衰退，因為它能輕易地轉變成怨恨。人類心理有其陰暗的一面，浪漫的精妙和柔弱，無法在與生俱來的攻擊性力量面前長久維持。浪漫就像黑夜中的煙火，它激動人心，卻又轉瞬即逝。只有簡單接受，灑脫放下，我們才能倖免於難。

浪漫會逐漸衰退，因為無物永恆不變，尤其是人類。我們在彼此關係中渴求恆常，但是難免會悲慘地背叛彼此。根本而言，生命就是場悲劇，終有一日，我們都會唱著悲歌結束它，或唏噓著自身的遺憾（愧疚），或嘆息著他人的脆弱（自哀自憐）。

這些解釋聽起來各有道理，也是其得以廣泛流傳的原因。然而，這些道理只是片面的。本書將會探討每一種解釋，挖掘其中有用的部分，並把這些片面洞察重新整合成更全面的闡述。我們將會一次次發現，**並不是浪漫本身具有終將退化的傾向，而是我們自己付出的「努力」才使其如此**。

而且，基於多種深層的緣由，我們自身也希望浪漫逐漸消逝。我所引用的資料有多種來源，其中最重要的，是我有幸在臨床工作中認識的人們的生活。出於保密需要，其中一切個人資訊皆會被精心地修改、隱藏。本書沒有任何案例是簡單編造的，每段故事往往是由好幾個有著類似議題的來訪者組合而成。

從佛洛伊德開始，探究歲月與愛的真相

儘管公眾有著諸多誤解，但當代精神分析非常不同於過去的「古典精神分析」。傳統分析師往往虔誠地把佛洛伊德的泛性論[2]想像，應用到人類生活的各個領域，而且這種方式通常過於簡化、帶有菁英

主義和威權主義色彩。但是精神分析的核心，也是其對西方文化最經久不衰的貢獻在於：**忠實於同理與合作的原則，研究人類心理中彷彿細緻研磨出的紋理和結構，全面且透徹地通曉它們的複雜性和強度**。

當代的臨床工作者，尤其是認同「關係取向精神分析」這一標籤的人們，早已擺脫了許多傳統精神分析的標誌，就像摒棄了維多利亞時代[3]的躺椅那樣。當代精神分析師保留下來的，是一種分析情境，就像一扇非凡的窗口，既可以通往來訪者的內心世界，也可以進入分析師的內心世界。

在本書中，佛洛伊德的言語從不會被視作最終定論，但有時會作

2 編按：泛性論（pansexualism），一種心理學學說，認為所有慾望和行為都源自性慾本能。

3 編按：維多利亞時代（Victorian era），指英國從一八三〇年代至一九〇〇年代的時期，即維多利亞女王（Alexandrina Victoria）統治時期。

為開篇致辭。佛洛伊德是第一位對人類經驗中這些根本方面提出問題的人，隨後的精神分析理論家，包括我們在內，都在他的基礎上繼續努力前進。因此，我們將從過去和當代的精神分析理論中搜尋觀點和理解，也將從相關領域，例如哲學、史學、語言學，特別是文學中尋找。

文學評論家哈羅德・布魯姆（Harold Bloom）曾指出，儘管藝術反映，或跟隨於生活，但是生活也反映或跟隨於藝術：那些偉大的作家創造了各種形態的人生體驗，而且在他們創作之前，這些形態的人生體驗都不可能存在。這點在莎士比亞（William Shakespeare）和托爾斯泰（Leo Tolstoy）的作品中尤為明顯，他們的作品使我們明白：**浪漫是人類的潛能**。

浪漫包含著什麼？如何能夠維持？為了理解這些，我們付出努力，進入一片由諸多議題和邏輯辯證組成的荒雜叢林，其中涉及幻想與現實、同一性與差異性、身體與情感、愛戀與憎恨、掌控與失控、幽怨與悔恨、安全與冒險。浪漫是一種脆弱又危險的狀態，它看起來似乎簡單而自然，但在我們心理與生活中的位置絕不簡單。

第1章

情與慾的雙面刃，我們稱之為愛

「談戀愛，就好比去外頭看看，今天是個什麼樣的日子。」

——美國詩人，羅伯特．克里利（Robert Creeley）

新鮮感稍縱即逝的男人

布雷特（Brett），一位三十歲出頭的男性，因為戀愛關係的困擾前來尋求心理治療。布雷特似乎找不到一位自己能夠持續愛戀的女性。

他的外表迷人，在音樂行業聲名顯赫，以上都更增添了他的魅力。許多女性對他感興趣，布雷特卻沒法發展出一段適合自己的關係，並因此備受折磨、深感無能。

在每一段關係開始時，布雷特經常會表現出爆發般的激情和熱情，接著便發現自己對伴侶的興趣逐漸減弱。他開始出現射精障礙，越來越難達到性高潮，有時甚至無法勃起。他開始疑惑，對方是否真的是適合自己「命中註定的另一半」。

隨著關係發展，他不得不假裝興奮，但與對方在一起時的親密感，彷彿日益嚴重的幽閉恐懼症一般侵蝕著他。接著，布雷特總會發現自己渴望擁有和其他女性約會的自由，並迅速和另一個人墜入愛河——通常是無法立刻和他建立戀愛關係的人。

布雷特曾同時與兩位女性戀愛。一位是貝蒂（Betty），她和他年齡相仿，智力和感情都相當成熟，而且非常關心他。儘管布雷特和她剛在一起時相當興致高昂，但很快就遇到和過去一樣的射精障礙。他覺得自己非常喜歡貝蒂，享受和她的戀情，甚至認為自己已經愛上她了，有時卻又覺得貝蒂對自己的情感讓人膩煩。

大約在同一時期，另一位年輕得多的女性出現在布雷特的生活中，他還與對方有過短暫的性邂逅——這位女士名叫琳達（Linda），是個狂熱的音樂粉絲，在舌頭和生殖器都打著金屬飾釘，並用瘋狂的性邀約來吸引他。兩人最後也的確發生了性關係。

在心理諮詢中，我們更細緻地察看了布雷特與兩位女性之間的經歷，結果卻有些讓人驚訝。從表面上看，貝蒂似乎是布雷特所熟悉的「保守死板」樣貌，而琳達似乎是另一種令人感到新鮮的對象，行事粗野、使人興奮。但就像深度精神分析通常會發現的，**這些表面現象下總存在某種反轉**。

儘管身著那些挑逗的金屬飾物，琳達在性事中相當抽離，情感既強烈但又淺薄。和她做愛後，布雷特總會真切地感受到一種絕望的孤獨。與此相比，貝蒂似乎由衷地享受性愛。她很願意冒險，喜歡做些新穎的探索，並鼓勵他嘗試新事物，似乎把所有事都視為遊戲。但是布雷特發現，自己對貝蒂的開放有種說不清的感受，並在後來逐漸發現，那種感受是「恐懼」。

我們在諮詢中聚焦這些經驗後，便有了驚人的觀察。當布雷特表示對貝蒂喪失激情時，他會直接為這些感受貼上標籤，並認為這只不過表明貝蒂不是自己的真命天女，這往往發生在他感受到將要與貝蒂陷入某種深刻的情感時。布雷特慢慢意識到，這並不表示他厭惡貝蒂，而是厭惡貝蒂對自己的愛——**她的愛開啟了他對她發展某種深刻情感的可能性，這令他感到恐懼**。

他也越發清楚地意識到：琳達，這個看似令人興奮、充滿新鮮感、喜歡冒險的女性，實際上只能讓他經歷有限度的、可預測的、情感淺薄的體驗。而貝蒂，這個令布雷特相對熟悉又可以預測的女性，事實上卻能夠讓他經歷結局開放、不可預測、情感不受限制，卻又讓他害怕的體驗。布雷特在親密關係上的困擾，源於**他不能整合慾望和愛意**。這是一種非常常見的困境。

愛和慾望，從來是兩回事？

一九一二年，佛洛伊德寫了一篇簡短且鮮少被引用的文章。其標題在英語領域有多種翻譯，例如〈論愛情領域中普遍存在的品質降低傾向〉（*On the Universal Tendency to Debasement in the Sphere of Love*）和〈情慾生活中最常見的降級形式〉（*The Most Prevalent Form of Degradation in Erotic Life*）。

在這篇文章中，佛洛伊德堅定地認為，就那個時代的來訪者而言，「心理性無能」是嚴重性僅次於焦慮的神經病症。他所說的心理性無能有兩個含義：其一源於心理因素，即一個男性只在某些情況下性功能良好，那麼他的問題就不存在生理方面，而在於心理方面；另一種則是佛洛伊德提到的，不僅僅指涉生理形式的損傷。

在使用性無能一詞時，佛洛伊德比喻的是一種性心理抑制的形式，**抑制自身激發並維持慾望的能力，是一種心理上的疲軟**。一個男性也許有能力完成性行為過程中的身體動作，但內心沒有激情、沒有強烈的慾望。在那個時代，普遍認為這只與男性有關，但佛洛伊德所描述的心理性無能，事實上是一種對維持慾望能力的選擇性抑制，這顯然同時是男性和女性都會困擾的議題。

而在佛洛伊德的臨床觀察中，最顯著的特徵也許正是：**最可能妨礙慾望潛能圓滿釋放、被徹底體驗的條件，正是愛意本身**。和布雷特一樣，佛洛伊德的來訪者都有能力去愛，也有能力產生慾望，卻無法在同一個人那裡同時體驗到愛意和慾望。佛洛伊德說：「他們對愛的對象沒有慾望，對有慾望的人，卻沒有能力去愛。」

佛洛伊德認為心理性無能非常普遍，這種流行病學視角的觀點缺乏實證研究，難以評價。但是根據我的臨床實踐、同業們正式或非正式的個案報告，以及流行文化中反覆出現的這類主題，佛洛伊德的觀察在今天看來似乎是正確的。

這個時代的男男女女，都深沉地體驗過深情的愛意，也強烈地體驗過充滿激情的慾望——但**往往不是在同一個時刻，也不是對同一個**

對象。然而，浪漫既需要愛意，也需要慾望。事實上，正是愛意與慾望的共存形成了一種張力，浪漫得以從中浮現。

沒有慾望的愛意可能是溫柔的、親密的、安全的，但缺失了為浪漫提供能量的冒險、稜角和危險。沒有愛意的慾望可能是愉悅的、刺激的，但缺失了使浪漫深入的親密感和堅實感。

這種「聖母—妓女」情結[1]，正是佛洛伊德所身處的維多利亞時代男士們，內心強烈、不斷重複的主題，而我們這個時代的眾多男性，則為這種情結的修改版所苦。如今，這種情結通常不再以「聖潔的聖母」、「下流的妓女」等概念詮釋，而是對應為更受尊重的女性及相對在性事上放縱的女性，或者既熟識又可靠的女性與陌生、未知又熱愛冒險的女性。

同樣地，這個時代的眾多女性也為，自己對這兩類男性分裂的情感所困擾。對那些友好善良、可靠、負責任的男性產生愛意，同時對看似令人興奮、魯莽、有一絲危險性的男性萌生慾望。

性的處境變了，我們的卻沒有

早期猶太教—基督教倫理以及柏拉圖傳統[2]中，對於「性」往往秉持消極、憂慮重重的價值取向，正是這些傳統塑造了西方文化的感受，所以或許可以想見，佛洛伊德時代的人們所面臨之困擾，大抵也源自這些文化傳統的殘留。

1 編按：「聖母—妓女」情結（Madonna–whore complex），佛洛伊德所提出的心理情結。有此種情結的男性，只能將女性視為聖潔的聖母亦或下流的妓女。同時渴望著一位能被貶低的性伴侶（妓女），卻無法對一位受人尊敬的伴侶（聖母）產生慾望。

2 編按：柏拉圖傳統（Platonic traditions），即源自古希臘哲學家柏拉圖（Plato）的哲學思想，長久影響著西方思想與價值觀。

同時，在一九六〇年代的性解放風潮之後，我們也許會期待，當代的男男女女將有能力不帶內在衝突地去愛和解放慾望，不論兩者是分開，還是同時的。然而，流行雜誌中諸如〈如何為寡淡的關係增添情趣？〉、〈如何為枯萎的婚姻注入浪漫？〉等標題的文章依舊氾濫。

由此可見，**二十世紀初前人們的困擾，依舊伴隨著今天的我們**。而考慮到從佛洛伊德時期至今，世界已然劇變，性方面的風氣和公共領域中對於性的討論更是如此，這就更讓人驚訝了。

儘管性本身已從維多利亞時期的陰影掙脫而出，又儘管廣告的性慾化早已使性相關的討論隨處可見，但若談到整合愛意與性慾、承諾與激情一事上，我們似乎仍然和佛洛伊德時代的人有同樣的困擾。

佛洛伊德在一九一二年表達出的敏銳洞察既古怪又有趣，總讓人覺得他像是錯誤穿越到那時代的現代人。佛洛伊德認為，處於維多利亞時代過度保守和人類優越主義兩種文化混雜的環境下，生殖器被看作一種源自早期演化階段的返祖式殘存物：「人類的身體已然朝著美的方向發展，但是生殖器還沒有參與這個過程，所以一直保留著動物性，因而**愛在本質上也保留著動物性**。」

我們也只能想像，佛洛伊德目睹當代美學中對生殖器的吹捧會有多麼驚訝。無論是赤裸裸的色情抑或隱晦的軟色情，從低俗文化到高雅文化，從喬治亞・歐姬芙（Georgia O'Keefe）的畫作中狀似性器的花朵到陰莖外型的流線跑車，以及各種「健壯猛男」和「性感美女」的文化圖像和符號，比比皆是。

然而，儘管這些改變隨處可見，包括佛洛伊德自己著作在內的影響下，對性的談論也從潛伏隱藏轉向光明正大，但對於今天的人們而言，最大的難題依舊包括「他們對心愛的伴侶沒有慾望，對有慾望的另一半卻沒有能力去愛」。

穩定與冒險的永恆之爭

現代和後現代時期的知識分子認為，去推測人性的跨文化特徵相當危險。我們被告知，一切特徵都有其區域特性，都與特定文化有關。然而，如果我一定得選出那些存在所有人類心理的不可或缺之物，那麼「家」的感覺必定位於首位。

實在難以想像一個人或者一種人類文化，能夠不將自己置身於家的感覺之中。家，是根源之所，從屬之處，是每個人都渴望回歸的地方。美國詩人羅伯特・佛洛斯特（Robert Frost）在《雇工之死》（*The Death of The Hired Man*）中寫道：「家就是當你無路可走時，必會接收你的地方。」因此也不難理解，為何在英語中家庭（family）和熟悉（familiar）這兩個單字有著相同的詞根。

作為一種連結大地和錨定自己的方式，我們尋求著連續感和同一性，每個人也都有自己獨特的方式去搭建自己的「家」。當代詩歌中出現的「地方感」經常反映出某個地理位置，尤其是一個人度過童年時光的地方，這種感覺往往會以一種無法替代、深深的舒適感穿透心靈。

有些人只在如紐約市擁擠、喧鬧和霓虹燈耀眼的氛圍中，或走進海洋般遼闊卻由淡水組成的五大湖，或置身雄偉的洛磯山脈前，或者瞭望平坦無際的內布拉斯加州玉米田時，才會有家的感覺。這種體驗既涉及神經生理學，也是一種心理現象：童年時期的聲音、氣味與圖像，及成年時期的重要經歷，都會被編織進大腦迴路，化作認知自我的固有模式，並成為心理安寧狀態的內核。

研究人員也一直在觀察嬰兒生命最初幾個月，那種微妙的、占據主導性的交互影響和適應過程。如今我們知道，新生兒的大腦尚未完全成熟，控制睡眠／清醒、活動／靜止等基本生物節律的關鍵神經通路，正是透過嬰兒和照顧者之間適應與否、複雜而微妙的「協商」建立起來的。

嬰兒和母親互相塑造，共同創造出一個成長中的孩子終將適應的世界。母親提供的不僅僅是支持性的、毫無特色、容器般的環境，而是某個特定的支持性環境，有著獨特的情感基調和感覺內涵。

從最深層的過往開始，我們逐漸變成為自身生命早期的重要他人。在體驗到家的感覺時，這種深刻的連結感和歸屬感便會被啟動。在遇見家庭成員時，或者遇見未來有望共同組建家庭的人時，這些感受也會啟動。它反映了一種內心和外在的共鳴、一種過往和當下的共振，一種我們曾經是、現在正是，和渴望成為的存在間的共感。

然而，家的感覺也會帶來某些典型的黑暗面，一種對逃避、超越和旅行的渴望。在喬瑟夫·坎伯（Joseph Campbell）所著的比較神話學領域經典《千面英雄》（*The Hero with A Thousand Faces*）中，主人公離開家追尋「男子氣概、智慧和真理」——這樣的故事，在上千種文化裡各有描述，因此也有上千種面貌。為了尋找自我，我們必須離開家，各種神話傳說都有這樣的套路，也包括當代精神分析領域關於分離／個體化的敘述：家成了監獄，圍牆成了囚籠。在美國口語中，熱烈取悅和渴求對方的伴侶，甚至會被稱為「老太婆」、「老頭子」、「腦公[3]」，或「拖油瓶[4]」。

家庭和冒險相互對應，這一具有跨文化普遍性的課題，至今仍反映在我們的日常生活中。一方面，我們會花上大把時間守在同一個熟悉的空間，建造一個家，然後申明其所有權、守護它的安定，還像鳥兒用羽毛裝飾巢一般去裝飾它。

3 編按：原文為 hubby，husband 的暱稱。
4 編按：原文為 ball-and-chain，直譯為帶鐵球的腳鐐。

另一方面，這種特殊的安全感卻又刺激我們對冒險的感知和對新奇事物的渴求，我們渴望擺脫束縛、追尋自由。用美國作家傑克·凱魯亞克（Jack Kerouac）的話來說，很難找到一個滿足於守護邊界、不被再次「上路」所誘惑的「築巢者」。當然，我們也很難想像那種沉迷於冒險、感受不到家的牽引的「流浪者」。

夫妻間在分配和協商這些觀點的方式，往往存在性別差異。當一方肯定家庭的價值（通常是女性），另一方則會肯定追尋自由的價值（通常是男性）。然而，透過更加細緻的觀察便會發現，**其實伴侶雙方都肯定這兩種價值**。作為彼此衝突的觀念，兩者難以容納進單一的自我並持續存在。因此，當伴侶一方自由地表達另一方也想擁有的價值時，後者便會為之吸引而向其靠近，但同時也害怕讓自己體會或表達這些價值。

男性對熟悉感和安全感的依賴並不比女性少，但當代文化中，男性認同感非常容易因自身對依賴的渴望而動搖。相似地，女性對冒險的熱愛也並不比男性少，但她們也擔心自己對冒險的熱愛，會影響女性認同感中更為傳統的部分。

因此，在平凡與超越、安全與冒險、熟悉與新奇之間，似乎存在某種根本性的對立，這種對立貫穿人類整體經驗。比較宗教學領域的學者，比如米爾恰·伊利亞德（Mircea Eliade），便曾嘗試論述世俗與神聖之間的區別；在認知發展理論中，好比皮亞傑（Jean Piaget）的學說，也強調同化（assimilation）和調適（accommodation）的辯證關係——同化是使用已經建立的認知吸收新刺激，調適則是透過調整已建立的認知結構來理解新刺激。近幾十年來，精神分析領域的傑伊·格林伯格（Jay Greenberg）則提出了另一種，基於安全和效能衝突性需求的雙重本能理論。

上述二分法都指向兩種根本又衝突的人類需要：一方面，人類需要某種（至少自己認為）完全已知、可預測的根本性指導，一個可靠的錨定物或框架，就像心理學大家佛洛姆所說的「信仰與奉獻」；另一方面，人類又渴望打破既定、熟悉的模式，跨越邊界，迎向不可預測、令人驚嘆、不可思議的事物。浪漫的激情，正是由這兩股潮流匯聚後浮現而出。

愛情和浪漫：看似合理、實則危險的結合

儘管早在中世紀前，就已出現關於浪漫情慾的記載，但是一些歷史學家認為，直到中世紀晚期，浪漫愛情故事才普遍出現，並且發展逐漸出「宮廷愛情」這一文學體裁，這和隨後發展出的「個體自我」這一現代觀念的起源時間相一致。

古典敘述詩和中世紀敘事詩，都把人生描繪成一場對忍耐能力的

考驗，這些考驗決定了個體死後的歸宿。文藝復興早期的浪漫主義，則把人生描繪成一種關於個體自我的追尋，離開家庭和熟悉的環境所帶來的安全感、跨越既定邊界進入未知的領域，對個人來說是一件危險的事。

那時候的浪漫愛情，幾乎成了超然體驗的典範，讓人覺得既誘惑又神聖：騎士鍾愛某個貴族女子，但事實上騎士可能並不了解對方，所有的愛意僅源於遠遠一瞥，比如文學巨擘但丁（Dante Alighieri）和碧雅翠絲（Beatrice）的故事。但也正是由於貴族女子非同尋常的地位，方能讓騎士覺得她超凡脫俗，從而讓他有可能超越自己熟悉的邊界。在這種浪漫中，愛人賦予了所愛之人虛幻的、幻想出的價值，被愛之人則成為美麗、權力、完美這些理想概念的具象化身。

彼時，婚姻是家族出於經濟或政治因素所做的一項契約，宮廷愛情故事也因而得以發展。因為與前者相比，浪漫處於婚姻關係之外，是一種自發出現、未經安排的感受。任何所謂的浪漫愛情之所以能夠持久，既不是因為義務，更不是因為承諾，而是因為它反映了愛侶間強烈的激情和奉獻。人們也更傾向認為，缺乏激情的婚姻是實用的、必要的，以保持精神上的純潔與安全感，免受人類低賤本能的影響。

然而，到了十七世紀，婚姻和愛情這兩種兩極化觀念開始融合。越來越多的人把婚姻理解為因激情而生的紐帶，即使並非因愛戀而結婚的伴侶，也被期待能夠日久生情。那時的人們相信，婚姻「應該」帶來浪漫。

到了十九世紀，隨著傳統的媒妁婚姻越來越少見，兩者的順序迎來了逆轉：**並不是婚姻帶來情慾，而是激情和冒險帶來了婚姻**。此時的愛情變得更加性慾化，而浪漫則被視為最初的愛之火花。隨著時間推移，這團火花又變成婚姻和生兒育女的穩固基礎。

到了二十世紀早期，正如當時一首流行歌曲所唱的：「愛情和婚姻，愛情和婚姻，就像駿馬和馬車，相伴前行。」激情和承諾反映了相當不同的價值觀，並且都深深扎根進美國人的心理世界。其中，社會學家羅伯特・貝拉（Robert Bellah）筆下的《內心的習慣》（*Habit of the Heart*）則是最縝密、最聚焦美國人內心體驗的研究之一。在這本書中，貝拉與合著者探討了自由與義務、個人主義與承諾這些理想觀念間，複雜又經常相互矛盾的緊張關係，是如何強而有力地塑造了美國人的內心：「美國人總在愛裡掙扎，因為愛一方面是發自內心的、自由的自發性表達，是高度個人化的個體選擇，必然在某種程度上是隨心所欲的；而愛情的形象卻是一種堅定根植於內心的永恆承諾，展現了愛情關係中遠超過愛侶們即刻感受或期望的那些義務。」

但激情與承諾、愛情與婚姻的結合總是不穩定的。例如，**傳統的精神分析理論，通常對愛情的浪漫和理想化層面持悲觀態度**，在根本上把它理解為一種退行和防禦。即使在最積極的看法中，浪漫愛情也只被認為是穩固愛情前的短暫序曲，一旦面對現實，當一人開始了解到另一人真實的樣子，理想就會逐漸破滅，而沒有了理想作為燃料，浪漫愛情的幻象也會逐漸熄滅。

浪漫可能會為人們指明方向，但許多專家認為，正是它造成了生活中危險和不穩定的基礎。或許就像駿馬和馬車那樣，愛情和婚姻相伴前行。但至關重要的是，激情的駿馬得先被拴在體面的馬車上，如此一來馬車的重量才能阻止駿馬跑遠。

然而，一九六〇年代的性解放運動藐視了這項警告。隨著性愉悅和性滿足日益重要並成為核心價值，越來越多的人把接受婚前性行為視為愛情的證明和承諾的前提。**人們期待婚姻能夠也應該提供足夠的性滿足，隨著時間推移，這種期待也大大上升**。離婚率的上升，也清楚反映了在這項新標準衡量下婚姻關係的破滅頻率。

性解放對文化產生了更具戲劇性、更加微妙的影響，對男女雙方來說，性滿足都成為一種不可剝奪的天賦人權、一種終極價值。一段關係的可行性，往往也得根據這一標準衡量。

這些發展也反映在同性戀解放運動中。基於清教徒神學和道德觀念的同性戀批判，一直是美國文化的一部分，但在二十世紀中期，精神病學和精神分析又把這種譴責升級成一場全面攻擊，對同性戀蓋上罪惡和疾病的烙印。他們認為，讓人們放棄同性戀傾向至關重要。

為了回應這種壓迫，一九六〇年代形成的同性戀身分認同，正是圍繞著「無法選擇」這一主張展開。隨著同性戀解放運動成為潮流，基本原則隨之形成：性取向是最深層自我的反映，改變性取向是不可能的，選擇只在於「表達自我個性」抑或「壓抑自我直到窒息」。

這些身分認同原則，和那個時代普遍的信念一致：性是自我的核心，生活的幸福很大程度上取決於性的表達和滿足。過去數十年，儘管愛滋病的流行和部分人的強烈抵制煞住了性解放的勢頭，卻留下了對完美性滿足的追求。

對許多人來說，性病使得和眾多性伴侶的性行為充滿風險，穩固、熟悉的關係也不再那麼值得自己耗費心力。儘管如此，大多數人仍然相信，自我不僅被性反映，也通過它表達。這一信念使得對浪漫的追求，成為一種流行的「生活課題」，不論這種浪漫是在長期關係之內還是之外的。

安全感與習慣，扼殺了關係

在大眾文學和精神分析文獻中常見的心理性無能故事，都把不正當、危險性行為的刺激感描繪得神祕難解。為什麼一個女性明明愛著穩定又可靠的丈夫，卻又只在偶爾和「一個讓她感覺到危險的男性」在一起時才會興奮起來？為什麼一個男性明明感動於妻子對他的忠誠，卻總覺得別人的妻子很迷人？

當精神分析師試圖解釋某件不理解的事時，通常會還原對象童年時期的某一前導因素。因此，危險、不正當、出軌、情慾冒險，通常全被理解成童年的重新表達，以及被禁止的伊底帕斯情結[5]。已知、熟悉之事的乏味，以及對未知的興奮之間存在著衝突，而這種衝突又為伊底帕斯情結的幻想提供了成長空間。在這種傳統解釋中，顯而易見的解決辦法是自我克制，即成年人成熟的理性必須戰勝孩子腦袋中的幻象。苦命的愛人被責令必須成熟，重新獻身於日常生活中那枯燥、可預見的熟悉中！

我觀察到，在臨床情境中把問題反過來思考，反而會很有幫助：

5 編按：伊底帕斯情結（Oedipus Complex），又稱戀母情結，指男孩早期的性追求對象是母親，想要取代父親的位置，卻又因為種種罪惡感或道德約束，不得不壓抑對母親與其他女性家人的性慾。

在關係中的男性／女性究竟是怎樣經營感情的，以至於能感到如此安全？對這樣的來訪者來說，這些關係似乎被視為輕而易舉、觸手可及的，他們事先假定了關係中的安全感。但在仔細探索這些已建立關係的內涵時，我總會發現，安全感並不是既存事實，而是主觀構建的；熟悉感並不基於雙方深入的相互了解，而是共謀下的產物；可預測性不是真實情況，而是精心編織的幻想。

在生活中以下情況也司空見慣：一段長期的關係破裂後，伴侶一方或雙方才震驚地發現，自己原來一直在無意中假定了另一半會有的內在體驗，而這些假設，或者說對另一半會如何感受的堅定信念，最終使得雙方感覺整段關係既安全又乏味。**但這些假設不過是單方頭腦中的虛構之物，且通常是雙方共同營造的結果**。

事實上，丈夫並不那麼可靠，妻子也並不那麼忠誠。他們會發現「乏味的另一半」有著各種各樣的祕密、非常私人的想法和感受，也許還有一段讓他／她能表達這些祕密、想法和感受的隱祕關係。「他／她根本不是我原本以為的那個人！」被背叛者往往會如此悲嘆，這段話是多麼的準確！

我們在多大程度上可以知曉、預測另一個人？我們在多大程度上可以知曉、預測自身？一直以來，傳統心理學家和哲學家，確實把自我描繪成是可以確切知曉的——自我由穩定且又可預測的結構組成；其中存在一個持續的、核心的自我，自我的核心便是這樣的單一內核。

如果安全是被事先假定的，那麼它就會自動尋求驗證。但是，新興的理論流派把自我的特點描繪為更不能接近的、去中心化的、流動的、不連續的。從這個視角來看，需要**解釋的並不是冒險、危險，而是所謂的可預測和安全**。

對不能接近事物的渴望感、對已知事物的控制感，是同一種幻象的一體兩面，它們的功能都是為了容納風險和不確定性。渴望得不到的東西，是為了將慾望隔離進命運已定的領域。沒有結果的愛是痛苦的，但也是安全的。相反地，長期關係中經常出現的安全感、占有感和所有感，在某種程度上是根基於永恆幻想而產生。

在長期關係中，存在建立安全感的強大動機始終存在，那是一種對不可預測的預見，一種對未知的知曉。英國散文作家亞當・菲利普斯（Adam Phillips）就曾指出：

> 「認識他人的過程，或者知道關於他人某類知識的過程，可能是反情慾的。人們在某些形式上互相熟悉，潛意識中的意圖可能便是為了扼殺慾望。這一說法並非簡單地基於『難以捉摸』或『嫉羨』有助於維持慾望，還因為某些認識他人的方式會削弱他們對我們的興趣，而且這可能是他們恆久不變的願望。因此，我們必須密切留意他人邀

請或允許我們認識他們的方式。同時，也提醒自己要警覺：認識的過程可能會非常有傾向性，有著非常精明的安排，這也是相愛過程的範式。」

菲利普斯所謂某些形式的認識過程，是指強迫的形式，這會把他人的流動性和多樣性固化進某個可預測的模式中。這種形式的認識過程會扼殺浪漫的激情，卻在長期關係中非常普遍，有著強大的吸引力。這種形式看似增強了安全感（但就像所有試圖掌握安全感的做法一樣，只在短期內有效），但其實是強迫性的、虛幻的。

人們經常會說，對彼此的習慣會扼殺慾望。但我們是怎麼對愛人變得習以為常的呢？對於機械式任務來說，比如洗碗和刷牙，形成習慣非常有用。但是習慣對於關係來說，卻是致命的。我們很容易在某種程度上習慣於所愛之人。但是想想看，「把某人變成一種習慣」是多麼不公平，多麼令人憤怒，並且把個體的人性和複雜性簡化到什麼程度！

這種彼此習慣，往往使浪漫愛情變得枯燥乏味，它並不是愛情本身固有的本質，而是一種具有保護作用、把愛情降級的策略，是對浪漫愛情固有脆弱性的防禦，也是愛情發展歷史的產物。

依戀和舒適的愛

好父母會為孩子提供的東西之一，是某種程度上雖虛幻但又精心構建的安全氛圍，使孩子得以建立「安全型依戀」。用精神分析師溫尼考特（Donald Winnicott）的話來說，足夠好的父母不會與年幼的孩子談論他們自己的恐懼、擔憂和疑惑。

由此，他們為孩子構建了「傷害永遠能被免除」的感受，孩子不會有突然出現的警惕感，因而可以去發現並探索自己的心靈、創造性和生活中的喜悅。兒童虐待可怕的破壞性，不僅在於虐待本身帶來的創傷，也在於無法為孩子養成受保護的心理成長空間。

重要的是，孩子意識不到這個保護空間需要父母多麼辛勞才能維持，父母在背後又做了多少事務。但是作為成年人，我們會逐漸學習照顧者是如何提供那個像繭一般的安全空間。孩子們會從對父母的安全依戀中，感受到內在的確定感和控制感，但這也在某種程度上是一種幻象、一個很難打破的魔咒。這就是為什麼對孩子來說，突然喪失依戀對象就像災難一般。

父母竭盡全力為孩子提供對環境的控制感，但即使在最好的情況下，這種控制感本身某種程度上也是虛幻的。就像其他芸芸眾生，父母也只能有限地觸碰和控制自己的感受。因此，兒童深深地被其早期所處人際關係環境的特徵所影響，父母也許能覺察到一些，也許不能。通常，父母的祕密也會成為一種可被隱約感知的存在，即使這些祕密尚處於未被語言清晰表達的狀態。

而父母的經歷、潛意識的衝突、否認的激情，都具有「處於孩子覺察之外」的特點，這又會讓孩子覺得它們是誘惑的、禁忌的、神祕的。父母努力嘗試為孩子提供安全基地，將這些感受隔離出去，但經常正是這些感受，終將發展成孩子體驗中最令人不安、挑逗和興奮的特點，並深深烙印在孩子的慾望中。

我們在兒童早期精心設計且必不可少的安全背景下學會了愛，而愛永恆尋求著一種將未知、幻想和危險隔離在外的安全狀態。最出乎意料也相當荒誕的是，**我們努力使愛情變得更安全，而這些努力又總會使愛情更加危險**。

毫無疑問，單一伴侶制下承諾的動力之一，是為了讓關係變得更安全而付出努力，為了保護愛情的脆弱、躲避愛情的風險並建起籬牆。然而，當今這一可敬的制度承諾傾向於伴侶互惠。我們選擇一個人作為唯一的伴侶，這戲劇性地增加了個體對伴侶的依賴，使愛情變得更危險，也使人們付出更多的努力來保障「這是一份令人信服的愛情」。

我們佯裝相信自己以某種方式，把愛情中的風險最小化並保證這段關係的安全，卻也因此破壞了慾望的前提條件——慾望需要穩固而豐富的想像力才能呼吸和茁壯成長。

死氣沉沉的關係，正是她要的

蘇珊（Susan）是一位四十五歲左右的女性，她困惑於自己做過的一些選擇，並擔憂自己的生活陷入社會學中所謂「陳腐無趣的循環」，於是前來接受精神分析治療。

無論是在物質層面還是人際關係上，蘇珊的童年都非常匱乏。多虧母親長期虔誠於信仰，這種虔誠雖讓人覺得做作，卻給了她一絲微弱、持久的安全感。雖然蘇珊青春期和成年初期的經歷非常坎坷，但她憑藉非凡的智力和創造力，為自己創造了儘管有些乏味，但仍讓她滿意的生活。她和丈夫及孩子們生活在一起，感覺家庭生活非常豐富又有意義。

然而，在治療開始的前兩年，她陷入了和一位年輕男性的戀情。她魯莽地、不顧後果地沉迷於這份戀情中，既興奮又害怕。這是中年危機嗎？她應該拒絕婚外情的刺激，成熟理智地回歸舒適的家庭生活嗎？還是應該放棄熟悉的日常、傳統的關係，與情人一起尋求更真實也更危險的生活？這個選擇和電視上時常看到的劇情沒什麼兩樣，為此她既壓抑沮喪，又踟躕不前。

我時常為蘇珊全方位的自我貶低所震驚。她是位才華橫溢、極具吸引力的女性，卻總覺得自己一直生活在崩潰的邊緣。隨著慢慢了解到她如何組建現在的家庭，我們清晰地發現，她的婚姻生活在某種程度上就像是在療養院接受照料一樣。

她丈夫十分關心她，甚至可以說有點到溺愛的程度，這給她一種他永遠可以隨叫隨到、有求必應的感覺。她痛苦地抱怨道，這種溺愛帶給她的影響是反情慾的，但隨著深入探索他們的生活安排，我們也越發清晰地了解她依賴於這種溺愛，某種意義上她也在努力讓這種狀態繼續下去。

她相信，沉悶的婚姻和令人興奮的婚外情，都源自該兩名男性本身。但我指出，**是她用某些方式讓婚姻停留在乏味和可預測的狀態，同時又把自己對冒險的需要從婚姻中隔離出去，將之投入另一段關係**。我嘗試啟發她，並讓她意識到，雖然她成功地將這種情況維持了很長時間，卻也總在為某種崩潰做準備，她需要讓丈夫保持乏味，但同時能可靠地照顧她。

隨著她逐漸意識到自己為兩段關係定下了「刺激」和「枯燥又可預測」的基調，這兩段關係都開始產生變化。她驚訝地發現，自己在和丈夫互動時是多麼壓抑，於是她開始和他探討，希望彼此可以更加敞開心扉、傾訴真情。起初丈夫的回應有些謹慎，但在之後一次治療中，她表示兩人一起度過了一個非常浪漫的週末，丈夫甚至用一種讓她更興奮的方式，回應了她那略微異於常人的性癖好。

「這個週末十分美好，」蘇珊說：「非常舒適！」

我對她使用的「舒適」一詞很感興趣。在此之前，她會用舒適來描述自己和丈夫的關係，她丈夫會穿著拖鞋、腳步輕輕地為她端上咖啡。但她從未用舒適來描述自己和情人的關係。當她今天用它來形容該週末種種打破常規的事，就顯得有些古怪了。

我們覺得她選擇使用這個詞，正是她過去處理相關經歷方式的重要部分，透過這種方式，她可以維持「陳腐無趣的循環」，重新獲得熟悉感和可預測感——可能因為她感到終有一天，自己還是會迫切需要這些熟悉感和可預測感，當然也同樣需要不斷反抗這些感受，以在自己身上尋找更真實、更有生命力的東西。

孩子和成人都有某種強烈的需要，他們需要既認識自己又認識他人，需要一種完全安全的依戀關係。但是在人和人的關係中，安全感和可預測感都非常難以尋得。我們往往無休止地努力，試圖重建那種虛幻的永恆感和可預測感。

每當來訪者抱怨自己死氣沉沉、毫無活力的婚姻時，我們便有機會向對方展示，他們其實覺得這種死氣沉沉的關係彌足珍貴，以及他們是怎樣小心謹慎地維護和堅持它，又是如何把性愛過程變得非常機械化、完全可預測，最終鑄成一座堡壘以抵禦意外和不確定性帶來的恐懼。

因此，除了幻想的、虛幻的、支撐安全的維度上而言，「安全型依戀」並不適用於理解成年人的雙向浪漫愛情。**儘管我們一直希望愛情能夠更加安全，但就其本質而言，愛情本就是不安全的。**

既幻想安全感，也幻想自由

愛因斯坦（Albert Einstein）透過物理學告訴我們，運動不能只透過絕對參照來衡量，必須透過相對參照來確認。例如假使此刻我正坐在一架橫越大西洋的飛機上，相對於地球表面而言，我處於運動狀態；但相對於機上的其他乘客，我則處於靜止狀態。

心理也有類似的規律：**平靜和變動也是相對的，主要取決於個體所處的位置和嚮往的方向。**

我們渴望把情感生活看作安全的、令人熟悉的，也就是處於平靜狀態；我們卻又渴望變動，企求超越心理圍欄的邊界。但是，家到底有多安全、多平靜呢？我們的心理圍欄又有多安全？這些安全感是真實的嗎？難道冒險只是一種幻想？

如果我們假定安全感和穩定感基本上是真實的，那麼正是變動、間斷、無常為想像力創造了空間，使慾望成為可能。但是，如果我們假定人類體驗在本質上便處於不斷演變的狀態中，永恆的運動和變化才是本質，那麼家和安全就會是僅存在於想像中的活動。因此，變動和無常就成了體驗的基本背景，通常會表現為一種生命難以承受的流動感。在這種倒轉的假設中，演變和冒險變成了現實，而保障和安全則是幻想，最終導致「家」的感覺和尋求連結的感覺某種程度上都是想像出的幻象。

我們的心理生命和愛，都在孤獨與連結間來回擺盪。孤獨和連結都可能令人恐懼，也可能充滿風險。但每一種內在危險都可以透過計畫和幻想來規避。因此，與婚姻中法律契約並行的，是一種潛意識的心理契約。這種心理契約是雙方一致贊同的約定，雙方約定假裝彼此間存在永恆的、不可改變的、實際上卻又不可能存在的約束。這種共同約定，也使雙方必須謹慎守護彼此間永遠克制的距離。

久負盛名的法國精神分析師雅各．拉岡（Jacques Lacan）似乎認為真實的關係從來都不可能存在，但為了描繪虛幻的安全感，他生動地捕捉到「降級了的浪漫，不過是一種海市蜃樓」。他寫道：「**愛情，就是把一件你並不擁有的東西，給一位你從不認識的人。**」

情侶間享有充滿激情的性生活，卻同時又害怕婚姻，可謂非常常見。這種害怕並非全無依據。當然，扼殺慾望的並不是婚姻本身，而是婚姻得以構建的方式。為了保護愛情，我們渴望著確定感和絕對的安全感。常見的婚姻誓言中「直到死亡將彼此分開」似乎精準地按照這一思路給出肯定的許諾。

結婚前，情侶們通常會覺得自己是自由的、天真爛漫的、愛冒險的、生動自然的。在婚姻中，他們卻尋求著穩定感和永恆感，開始把自己和對方認同為像父母那樣的「成年人」，也就是認同為靜態的人。他們把隨著靜態而來的死氣沉沉歸因於婚姻制度本身，而不是自身對確定感和永恆感的衝突性渴望。他們需要這種確定感和永恆感，以構建婚姻對自己的意義。

一旦完全的安全感、可預測感，和合一感在內心永恆地確立起來，對方將迅速變得愚鈍又無趣。就如威廉．布萊克（William Blake）這位卓識遠見的浪漫主義詩人，首先意識到約翰．米爾頓（John Milton）筆下《失樂園》（*Paradise Lost*）中那位神祕的英雄不是上帝，而是撒旦那樣。永恆的安全感是虛幻的，是一種人為的設計，也正因如此它會扼殺活力，並帶來激烈的反抗。

因此，我們會驚嘆於正在分居的情侶們打著「還給自己從未擁有的青春」這樣的口號，頻繁地探索性與慾。人們希望自己的青春期擁有自由的性表達，不受安全或者習俗的約束，但事實上幾乎沒人擁有這樣的青春期。這就是為什麼許多人難以在長期關係中為青春期版本的自我找到合適的位置，因為**長期關係都建立在對虛幻安全感的共謀上**。

性既不能被意志控制，也不能刻意操控，這使得性慾簡直就是反抗這些心理契約的完美計畫。性慾是難以控制的、不可預測的，也必然會帶來脆弱和風險。它揭穿了安全感與掌控感的真實情況，讓我們知道這不過是一種幻象。

幻想和某個得不到的或難以接近的人，或者與神祕的陌生人發生性行為都極其誘人。這種誘惑不僅僅是因為，其為探索禁忌和危險提供了機會，還因為它們提供了在比現實關係中更安全的場所用以幻想。在現實關係中，我們通常不願意讓自己變得不穩定。

自願拴上鎖鏈的野獸

奧斯卡（Oscar）對已經持續了多年的親密關係越來越不滿，甚至差點結束了這段關係，他因此尋求心理治療的幫助。

一直以來，這段關係在許多方面都令他非常滿意，但奧斯卡不願和女朋友結婚，他覺得她在性方面太拘束了。他覺得自己在慾望驅使下，不斷和其他女性調情，也相當精通此道，經常能輕而易舉建立完美的性關係。

和別的女性調情讓奧斯卡感到興奮，他覺得，這是女朋友的性壓抑導致的「需要」。但等到他逐漸迷戀上某位女性後，又覺得除了調情之外，誰都不如他的女朋友。奧斯卡的言談舉止都受到了女朋友拘束的影響，他非常確信女友認為他像野獸一般野蠻，自己根本無法和她分享性想法、性幻想、過去的性經歷。他很肯定，女朋友會把這些當成自己對她的感情正在動搖的證據。

在治療過程中，我們逐漸理解到奧斯卡正不斷透過某種方式，向女朋友傳遞這樣的觀點：對他們的親密關係來說，他的性慾是種巨大的危險。他把自己視作一頭野蠻、危險、濫交的野獸，也讓女朋友這麼看待他。並且，如果沒有她對他的控制，他就會把附近的每個女性都迷住。對他來說，自己的這些體驗和女朋友的看法都極其重要。

我引導他認識到，**他不只把自己視作一頭野獸，還是一頭拴著鎖鍊的野獸。對他來說，鎖鏈和獸性一樣重要**，他也擅長引誘女朋友成為那條鎖鍊，對他自以為的性貪婪施加外部控制。

從奧斯卡每次性遭遇的實際發展來說，他都可說是忠誠的情人，卻活得像是個需要讓諸多飛盤同時旋轉的雜技演員，身心俱疲。從本質上看，這種衝突是由於兩人在性方面的敏感度不同嗎？我認為並非如此。

某次諮詢開始後，奧斯卡不知道從何談起，於是開始反思他的問題，我們也開始從更廣泛的視角思考這件事。他有太多想要談論和思考的話題，在他的想像中，這些事情就像吃自助餐一樣，所有食物都擺在眼前隨意取用。他對從何談起感到猶豫，並害怕一旦選定一個，就無法再談論其他話題。我也驚訝於他腦海中那幅自助餐的畫面，於是問起他兩者之間的關聯。

奧斯卡成長於一個大城市裡的工人階級社區，那裡很少有高檔餐廳。在他童年時，家裡附近開張了一家自助餐廳，並且迅速成為話題。只要支付固定價格，就可以想吃多少就吃多少，這樣的機會實在讓人難以抗拒。他和家人經常光顧這家餐廳，但同時認為，自己的社會地位和道德修養比其他顧客更為優越。

對他們來說，用餐體驗的一個重要環節，**就是愉悅地看著其他顧客一遍遍端著裝滿食物的盤子來回，同時他們卻非常克制**。如果說別人正沉溺於口腹之欲的貪婪中，他們就是沉浸在充滿正直感的狂歡裡。

奧斯卡和我發現，「克制」是他在生活中實踐的重點思想。而這段親密關係最重要的功能之一，便是儘管他連續遭受挫敗、長久經受強烈的誘惑，卻依然能在這段關係中展現自己的忠誠。這種建立起的正直感，正好保護了「我是一個善良、可愛的人」的感受，並給了他一種絕對安全的幻象。

當我們堆起沙堡，它就有垮掉的一天

愛意和慾望間閃耀著緊張的電弧，浪漫得以從中浮現，就如我們所有的體驗一樣，愛意和慾望在某種程度上都是心理建構出的產物。當然，它們也不完全是心理的建構，更不受意志的完全支配，所以我們無法在某天起床，隨意選擇我今天要愛戀誰、渴望誰。愛意和慾望形成自日常生活，我們需要付出很多努力才能構建它們出現的背景。

許多文化，包括早期的西方文化，都明確地區分了婚姻和情慾。婚姻中的權利，是經由正式約定和司法過程確立的，但情慾只能在更安全的所在尋找。這種對立範疇更容易被認定為是一種心理建構，因為這不僅是社會性的，還是制度性的。

在二十世紀初，佛洛伊德發現了在愛意與慾望間普遍存在的分裂現象，至今這種影響依然伴隨著二十一世紀的我們。這種分裂現象同樣是心理建構的產物，但如今建立在私人體驗的基礎上，因而很大程度上處於人們的意識之外。

現代婚姻中的權利和期望，通常透過非正式的方式確立，但仍然如過去那般堅決，這既展現在彼此意識層面關於權力的協商，也體現在潛意識層面中，是否認同自我和伴侶具備了假性成熟的穩定感和確定感。

在今天的世界，宣揚替代性情慾與興奮感的管道比比皆是，人人都可以輕易獲得。流行文化正在售賣那些降級的浪漫，且種類令人吃驚地多，如肥皂劇、浪漫小說、對明星個人生活的迷戀等。既然人類傾向把現實的親密關係經營成一灘死水，以滿足安全感需要，那麼就得在更加遙遠、安全的領域中尋找替代性的激情。

尼采在其悲劇理論，成功捕捉到了真正悲劇中，形式的創造與消滅之間的精妙平衡。尼采認為，個人的生命是轉瞬即逝的，在某種意義上來說也是虛幻的，生命只是一種從宇宙能量中浮現又迅速消融於宇宙的短暫形態。我們只能透過兩種方式，從生命中繁多的悲劇裡逃脫。

第一種方式，是**賦予自身及創造的成果一種虛幻的永恆感**，就像一個在沙灘上建造沙堡的人，被哄騙著相信他的造物將會永恆不朽；

另一種方式，則是被自身轉瞬即逝的命運打敗，就好比這個堆沙堡的人喪失了建造的能力，癱倒在沙灘上，絕望地等待浪潮到來。

然而，尼采想像著那些具有悲劇精神的男男女女，他們過著最充實的生活，好比一個人既激情澎湃地建造沙堡，又時刻留意即將到來的浪潮。**萬事萬物短暫又虛幻的本質，並不因我們沉溺於工作的激情而減損分毫。相反地，工作的激情只會更加強，並豐富那種短暫感和虛幻感**。

真正的浪漫主義，反映了尼采在悲劇中所發現的精巧融合特性。情侶們建造著浪漫的城堡，彷彿它會永遠存在，儘管他們同時也清楚知道，這只是個脆弱而短暫的結構。

佛洛伊德使用「心理性無能」來描述這種分裂的現象。所謂分裂，指的是透過把永恆從冒險中分離出來，從而努力減低風險。那些無聊而堅固的城堡將如婚姻般永遠矗立在沙灘上，而其他想像的城堡只會像一夜情般稍縱即逝。但正是在這種分裂狀態中，某些非常重要的東西丟失了。

從尼采的視角來看，真正的浪漫都是悲劇性的。浪漫終會消亡，從不會簡單地保持在穩定狀態。即使在最好的狀況中，浪漫也在不斷地來來去去，永遠處在「消失，然後又被重新發現」的過程。布魯姆在論述經典戲劇《羅密歐與茱麗葉》（*Romeo and Juliet*）時便提到：「要嘛愛情消亡，要嘛愛人消亡，這就是實際情況中全部的可能性。」

我們確實深切地感受到浪漫激情會天長地久、海枯石爛，浪漫的產生本身也需要我們有能力沉浸在這樣的深刻感受中。不幸的是，這樣的保證實際上並不存在。生活和愛情都無可避免地充滿重重困難和風險，為了控制這些風險，我們通常在各種各樣的關係中，努力尋找安全和冒險的根源，然後定位它們，保護它們。

在某些關係中，浪漫與激情隨著時間流逝而消亡，放棄這些關係的代價往往遠低於花費無數年月、付出諸多努力將其修復的代價。但其背後虛幻的確定感仍有著強大的吸引力，長期關係中缺乏激情的狀態，通常並不是激情之火熄滅了的結果，而是雙方的共謀，努力把關係保持在遲鈍、乏味和停滯狀態下。

我並不是在建議，長期關係應該一直保持在慾望猛烈的狀態——這也是非常危險的狀況——但情慾與渴望，往往是讓長期關係不時變得有趣起來的東西。

人類既渴望安全又渴望冒險，既渴望熟悉又渴望新奇。我們有時能找到方法交替尋覓，有時兩者則會達成微妙平衡。但它們會朝相反方向牽引我們，讓安全和冒險之間的平衡只可能是短暫的，讓我們從調和兩種衝突性需求的辛苦努力中獲得暫時停歇。

浪漫中充滿了渴望，濃烈的慾望總會催發一種匱乏感。浪漫激情的前提是「缺失」，是渴望自己所沒有的東西。然而，愛情卻誘使我們相信它承諾的安全感，彷彿只要能夠找到彼此、只要能夠在一起、只要能夠「從此以後，兩人幸福快樂地生活在一起」，就會擁有安全感和幸福。

換句話說，激情的本質是努力克服它所催生出的缺失感，是去尋求暫時被慾望占據的完整感，是帶著從惡龍那裡解救出的公主回到城堡。我們總是相信，自己的城堡是由石頭而非沙子建造的，自己的愛情也是堅定而安全的，不會隨時光流逝而改變。可一旦返回想像中的城堡，無論是騎士還是公主，往往都會失去吸引力，結局令人唏噓。

最顯而易見的結論是，這並不是真正的騎士，也不是真正的公主——真正的騎士或公主還在城堡之外的某個地方。但**這個結論之所以如此明顯，是因為它使我們感到暫時安全，而不是因為它反映了生活的真相**。這並不是說騎士、公主和城堡是完全虛幻的、純粹的幻想。而是指，騎士、公主和城堡從來就不是故事的全部，特別在涉及男性和女性不斷變換發展的複雜性和模糊性，以及我們為自身所構建的社會體制時。

人們總是在改變，愛情也當然不會保持原樣。因此就本質而言，浪漫愛情會持續顛覆穩定。它促使我們不滿足於已經擁有的，總是看向尚未擁有的、已擁有但還不夠的，或已擁有卻不夠可靠的。

接下來三個章節，將會分別探討激情的三個主要維度：性、理想化、攻擊性。以及這些維度會如何逐漸削弱我們的安全感和自我感，並探討這種持續顛覆穩定的特性，將如何提高愛侶們的賭注，使愛情變得既危險又有意義。

第2章

談性說愛，一切源於本能

「正如我所設想的那樣，互惠的愛情是一個像鏡子一樣的系統。它從千萬個我從未知曉的視角，忠實地為我映照所愛之人的形象，它總能神奇地預知我的慾望，總能為生活增添光彩。」

——法國詩人、超現實主義大家，安德烈·布勒東在所有人類經驗中，再也沒有事物能比「性」有更多的衝突、難題和困惑。

性的描繪，在音樂、戲劇、電影、電視和文學作品中都廣為流行。性誘惑和性福利的許諾也被用於各種產品的銷售，從汽車、電腦、服飾，到牙膏，並推動著經濟的發展。

過去數十年來，各種互相衝突且情感強烈的性觀念處於「文化戰爭」的核心，主導了我們的公共生活，塑造諸多道德領袖的形象。親密關係中圍繞性的衝突及其所處的位置，是我們努力理解個人生活時不得不關注的關鍵，也是驅動成千上萬人閱讀心理自助書籍的重要因素。

到底是什麼因素，使性對棲居於不同文化環境中的人們，都有如此巨大的影響，並產生如此難解的疑問？

性，遠遠不只做愛

我們對待性往往太過痴迷，以至沒有精力關注其他東西，甚至沒有花時間思考「性是什麼，又從何而來？」。有性繁殖之所以出現在生命的進化過程中，是因為兩個不同有機體遺傳物質的混雜，遠比單一有機體自我複製的後代更能適應環境。

我們是多麼幸運，進化的變異使得有性繁殖的過程更有趣，也使個體更有動力優先把時間花在繁殖過程上。這些變異的核心是生殖器的進化，生殖器密集連結著大量神經末梢，一旦受到刺激，就會產生強烈的快感。

而儘管在西方口語中，用「鳥兒和蜜蜂」代指談性的說法相當常見，卻沒人真正知道鳥兒和蜜蜂的交配過程是什麼樣子。等到人類進化至此，性已經遠比單純的身體交合更加複雜。

除了身體之外，我們還進化出了非凡的頭腦，性活動已遠遠不只是軀體反應，還呈現出概念的、情感的、心理的，甚至（部分人認為）靈性的維度。人類性事的生理強度，取決於雙方是否在各個方面處於並行狀態，他們的興奮、快樂、幻想、恐懼、渴望、希望——整個心理生活——都在發揮作用。

性行為所需的身體交合有著無窮的變化，這恰巧適用於展現關係中自我和他人的慾望、恐懼、衝突和協商。性體驗儼然已成為界定自我表徵及邊界的有力組織者，身體的感覺和感官的快感勾勒出一個人的皮膚（邊界）和輪廓。

身體親密和性親密的辯證關係，還揭示並定位了我們與另一半的關係：上、下、內置、環繞、反抗、順從、控制、崇拜、陶醉等。人類的性慾望為情感體驗提供了如此龐大的素材，因而已然成為個人和人際表達最親密的舞臺。

對人類來說，身體和頭腦是性體驗不可分割的兩個維度。人們渴望把性體驗簡單化，並把肉體和心理分離，但這永遠不會發生。況且，正是肉體活動和心理意義的融合，才使性充滿意義和複雜性。

在兩人之間蓋起大山的人

哈羅德（Harold）之所以來尋求心理治療的幫助，某種程度上是因為他的妻子再也無法忍受無性婚姻的狀態，他們僅在婚姻早期很短一段時間有過性生活。和這個時代的大多數人一樣，哈羅德的妻子也覺得自己有權享受令她滿足的性生活，兩人的婚姻因此陷入麻煩。

哈羅德飽受妻子指責且責任感強烈，他深情地愛慕著妻子，想要讓她快樂，同時還把滿足妻子視作婚姻中的義務，也為自己的無能而羞愧自責。然而，儘管初見時他曾被妻子吸引，現在卻感受不到對她的慾望了。

當哈羅德竭盡全力催促自己和妻子做愛時，他就會陽痿。他自身的性被隔離了起來，只以自慰的形式表達。他還會在自慰時沉浸於「人盡可夫的蕩婦」這類色情作品和性幻想中。

哈羅德是一對混血夫婦的獨子，一家人居住在倫敦郊區的偏僻之處。父母在童年時期都遭受過創傷性的損傷，都認為自己與眾不同，也都相當容易覺得自己被人忽視、輕蔑，並因此很強調得體的舉止、儀表和禮貌。

哈羅德的父親在婚後慢慢染上了酗酒的惡習，母親則越來越抑鬱。面對丈夫的萎靡，母親開始在家穿著挑逗性的衣服，似乎是為了博得哈羅德的目光。母親還把大量的注意力投注到哈羅德身上，這讓他開始對母親的情緒十分敏感，甚至身處在不同房間時，也能感受到母親的抑鬱。

青少年時期，哈羅德將越來越多的時間花在和朋友相處，在空間上遠遠離開了家，內心也從未真正感受到歸屬感。他相當努力適應周圍的環境，但總覺得自己僅僅是個路過的異鄉人。他回憶中，童年時期唯一快樂的事情，是在星空下獨自散步或騎自行車，只有在這樣的時刻他才能感到真正的自由。

比起和妻子做愛，哈羅德更期待自己完成這個過程的時刻。他發現享受和妻子性愛的道路極其困難，彷彿橫亙著一座需要付出極大努力才得以翻越的巨山。阻礙如此巨大，讓他甚至連嘗試的念頭也被大大壓抑。長期以來，**兩人的性愛已經與自然而然的親密毫無關係，反而成了費勁且沉重的負擔**。

多年的臨床工作證實了這樣一個普世觀點：性需要「化學反應」。這種來電的感覺不隨意志控制，嘗試用意志去控制它也是浪費時間。但對於哈羅德以及許多身處長期關係中的人來說，這種來電的感覺雖然曾經存在過，但現在似乎已蕩然無存，取而代之的是眼前的那座大山。但是，它是否依然隱匿在大山之後或之下？這種感覺還活著嗎？

精神分析師的主要工作之一，便是提起來訪者對這樣一種可能性的興趣：其體驗世界的某些特徵，是否已成了獲得快樂和滿足的強大阻礙，而且完全超出了他們的控制、妨害了他們的福祉，但事實上這些特徵又是他們自身的主觀建構？

在古希臘詩人荷馬（Homer）的史詩作品《奧德賽》（*Odyssey*）中，潘妮洛碧（Penelope）這個角色，生動地描繪了神經病症將如何建構生活：潘妮洛碧只有在做出一件衣服後才能再婚，白天時她不停地編織，這讓追求者們覺得她對挑選新丈夫一事十分上心。但到了晚上，她又會把編織好的部分拆掉，因為她希望失蹤的丈夫奧德修斯（Odysseus）最終能平安回家。

我們都會花時間「編織又拆解」，但和潘妮洛碧不同，人們往往傾向於只覺察自己縝密做法的其中一面——哈羅德只覺察到自己在攀登大山，卻忽略了自己也在無意識地建造大山。

我留意到，一旦他在自己和妻子之間築起大山，產生性慾的可能性就會消失殆盡。即使妻子依然是那個曾經吸引他的人，但他如今能感覺到的只剩那座山。我想知道，如果他停下這些辛勤的努力、不再為山添高，會發生什麼事？於是我引導他：「事實上，根本就沒有山。」除了他費心想像出的那座以外。

我請他好好想想，**他真的想要這樣一座耗費他心神的山存在嗎？**

在接下來的那節諮詢，哈羅德與我報告，他和妻子嘗試了一些性遊戲（彼時他正致力於心理分析，而非討論他的婚姻）。隨著探索他的體驗，我們發現他在和妻子做愛時，注意力完全集中在對方的感受、慾望和快樂上。

「如果忘掉她的需要，沉浸於自己的感受和快樂，會是什麼結果呢？」我詢問道。他覺得這是個荒謬的問題，他永遠也做不到。於是，我請哈羅德幻想一下，如果在妻子面前專注於自己的快樂會有什麼感受，但就連這樣也讓他焦慮不安，他覺得這會顯得自己極其自私、粗鄙、沒有愛心、不值得依靠、危險且極端粗野。

就像他還是小男孩時，只能在散步或騎自行車時體驗到自己存在的快樂，或者他只允許自己在自慰時體驗到快樂——**對哈羅德來說，快樂是一種孤獨的活動**。我們發現，自慰之所以如此美妙，是因為其獨特的特點：它可能比任何其他活動都更沒有社會價值，不可能會有別人要求他去做這件事，因此他終於能夠只為了自己去做。

要在別人面前保持正派，就要對他人的感受高度敏感；而允許自己享受快樂，則需要一種在他人面前也能保持內心獨立的能力——這在哈羅德看來非常愚蠢。

哈羅德只允許自己在一類人面前沉溺於自己的快樂，即幻想中那些他能全然控制的女性，她們自身沒有任何需求。只有和這類幻想中的他人在一起時，哈樂德才能避免對自身行為的粗鄙批判，避免性慾對他人必然造成的傷害。哈羅德對愛的對象沒有慾望，對產生慾望的他人也沒有能力去愛。

為什麼性會讓人覺得粗鄙呢？我們將考慮不同取向的兩種理解：一種是由佛洛伊德整理出來的傳統取向，另一種則是新興的替代取向。第一種取向對人類心理的理解由許多「層級」組合而成，第二種則認為是由許多「循環」組合而成。

佛洛伊德：人類只是另一種動物

對佛洛伊德來說，性在本質上就是反社會的。既然我們將不可避免地走向徹底的社會化，那麼從根本上、深層意義上來說，人類既是反社會的生物，也是社會化的生物。

但這種關於人類本性的設想，並非始於佛洛伊德。早在柏拉圖時代，人類就把自身描繪成一種混合生物，就像獨角獸、人面獅身、獅鷲獸一樣。我們是混合體，既有由肉慾、激情和本能所驅使的低級本性，也有由理性、奉獻和靈性所主導的高級本性。

對佛洛伊德來說，借鑑達爾文的理論，我們是自下而上，從低級生命形式進化後，才獲得意識、理性和文明道德。然而，我們的進化依然不完整。在身體和心理方面，我們仍然是混合體，仍然位於動物到天使的半途。高級和低級分層法是一個核心的、不斷重複的主題，是一種概念上的標誌性特徵，佛洛伊德曾透過這種方式，來理解幾乎所有情感生活中的重要領域。

他著名的結構模型，就是生物與文化潛意識，衝突碰撞後的微型內在戰場：本我（id）是自然本能的深層倉庫，超我（superego）是內化的文化表徵，自我（ego）則在二者之間調停。

佛洛伊德把性慾（後來又加上了攻擊性行為）看作低層級的動機，是為所有更高層級心理活動提供能量的原始衝動。人類本性的體現為性慾和攻擊行為，而我們一直以來都在嘗試轉型成更高級、更文明的生物。

縱觀佛洛伊德諸多關於心靈的不同模型，和關於人類心理動力的概念化重複工作，總能發現人類本性和所轉而成為者之間無可避免的張力。正如他於一九一六年所說：「社會必須承擔的最重要教育任務之一，就是馴服和限制本能性慾……因為隨著性慾的完全爆發，個體的可教育性最終都會服務於實用目的。否則，本能就會衝垮每一道堤壩，沖走過往辛苦創建的文明成果。」

儘管近些年佛洛伊德受到了猛烈的抨擊，所有反對和質疑都指向古典精神分析理論，但佛洛伊德「人類動物」的設想已有顯著影響，也或多或少滲入所有人體驗和思考自己身體和性慾的方式。

當然，人們還在努力地應對性慾，這種天性驅使著我們走向放縱、粗鄙、下流和恣意滿足；理想典範和社會規範，則要求我們正派、自控、守規矩。性慾就是內在的那頭動物，人們根據不同觀點，可能會激烈地堅持某種看法：性愛本能可能只能被馴服，不然就得被隔離，或者被解放。

浪漫有著逐漸降級的傾向，對此最常見的理解中，都有假定「性慾處於惡魔般的原始狀態」這種特徵。浪漫激情就像人類本身，必然也是一種混合的現象，是崇高理想與原始本能的不穩定結合。在這種傳統理解中，哈羅德對妻子的愛意和他的性慾本質上是不均衡的。如果要連結愛與性，要麼付出的愛意就得減少，不然就得馴服性慾。

這種設想將人類有機體看作一種多層混合體，下層是原始的本能和生物學，上層則是理性和靈性。不過，這個陳舊設想在最近幾十年面對不少爭議。我們非常習慣於用這種傳統的、分層的方式來思考自身，但為了給另一種替代性取向奠定基礎，我們還需要考慮一下近來思想觀念上的轉變，首先是生物因素和社會因素間的關係，其次是自然本身的性質。

性既是本能，更是文化

在佛洛伊德時代，人們認為我們內在的動物性和文明性源於不同管道（內部和外部），並且分層地堆積在種種體驗中。過去數十年來，人們認為生物學因素、社會因素以及語言因素會徹底相互滲透。而**正是生物學上的動物天性，使我們能夠使用語言、形成社會、產生文化**。

人類從更早期靈長動物進化出的顯著特徵，可能就是特定的人類社會關係、文化和語言族群。佛洛伊德過去所認為次要的、外部的影響，現在卻被視作本性中的必須要素。從這個角度來看，達爾文的觀點也和佛洛伊德一樣：**我們並非先是動物、後來才社會化的，我們本來就是高度社會化的動物**。

然而，人類為什麼會形成關係，創造並維護使用共同語言的社群呢？像網一樣把人們連結在一起的社群和語言，是人類某些獨立需求的產物，還是基本的驅動力？不，答案遠不止於此。我們把人類定義為社會性生物，就表示其背後意義，遠遠比將群居本能或社交本能，理解為某種類似於食物或者繁衍需要而產生的具體驅力大為不同。

打個比方，人類是呼吸氧氣的有機體，但除非氧氣突然消失，否則並不會產生尋找氧氣的原動力。呼吸氧氣是我們與生俱來的本能，並非為了嘗試，也不是為了任何其他目的。

人類是會生成語言的生物，在行為主義的興盛時期，人們假定：語言是一種為了某個目的，且得到強化後才出現在個體身上的工具化行為。如今，人們通常認為語言是大腦本就擁有的功能，加拿大心理學家史迪芬·平克（Steven Pinker），因此把語言描述為一種本能。**人們天生就知道如何說話，就好比蜘蛛天生知道如何織網**——蜘蛛的大腦給了蜘蛛織網的衝動和能力。

對於如何解釋進化適應性，或千萬年前語言能力最初的發展目的，存在著諸多有爭議的理論。但平克認為，蜘蛛幼年時就開始織網不是因為餓了，也不是發現織網是生存的基礎，而是這本就是蜘蛛被「設計」要做的事。

同樣地，人類嬰兒發出聲音並最終產生語言，並非為了某個工具性的目的，而是**因為他們有著人類大腦**，**語言本就是人類在進化過程中被「設計」要做的事**。從嬰兒開始，我們就會尋找其他人類互動，這不是為了滿足某種個別需求，而是因為神經連結使我們天生就會對人類臉孔做出視覺反應、對人類氣味做出嗅覺反應、對人類聲音做出聽覺反應，對人類符號做出符號學反應。

我們才剛開始認識到，在許多方面上，自己就是被設計成會為其他人類互動所吸引，而如果希望嬰兒能夠使用大腦並長成特定意義的人類，即擁有特定的人類心理和語言，那麼這些互動就是必須的。

因此，我們並非從一開始就成為受到社會約束的有性生物。開始時我們是身體／社會的生物，且從深層意義上來說，我們的性本身也是深度的文化現象，正如它也是深度的生理現象。

人類的性誕生於關係和語言的背景之中。從行為上來說，性活動能夠與他人發生，也能夠在只有自己時發生。但是從心理上來說，性的意義源自社會結構、人際關係形式和語言類別。例如，對一些人來說，相互產生性興奮，是所能想像範圍內最親密的活動。然而，對哈羅德來說，性快感則必然意味著一種完全消除自己對他人覺察後的自我陶醉——兩人之間的性興奮無法想像的。

還有很多其他的可能，相同的行為或生理事件，如被觸摸、喚起、高潮等，在不同人的心理上有著不同的意義，而且往往差異巨大。對一些人來說，高潮是一種幸福的超然體驗；對另一些人來說，高潮則是一種令人震驚和害怕的自我瓦解。

佛洛伊德和他同時代的人假設，任何一個具體的個體能夠了解性對他而言是什麼，是源自性是預先設定的動物本能。現代人則永遠無法假設任何一個個體知道性對他而言是什麼，因為性只有在特定的社會和語言背景下，才會變成人類的性，是這些背景創造了性的意義。

傳統觀點認為心理是分層的，這種觀點，源於假定性慾是一種魔鬼般的情感表達方式，是人類祖先的遺傳，並且至今依然完好無損，成為內在一種不受意志控制的自主力量。

但我們越來越意識到，身體和文化創造是徹底相互穿透的——兩者既賦予了彼此活力，也制約了彼此。世上沒有不受社會和語言塑造影響的性、攻擊或其他身體體驗。而且反過來說，我們也會把所有體驗到的社會與語言影響，展現在我們有著特定的人類部位和形態的身體上。

在那些試著描繪「心理和身體是一個整體」觀念的繪畫中，藝術家艾雪（M.C.Escher）的《畫手》（*Drawing Hands*）是最有影響力的作品之一。它描繪了兩隻手相互繪製的畫面：**身體產生想像力，想像力轉而影響身體，而身體又會再塑造出這些想像**（請見下圖2-1）。

圖 2-1：艾雪的《畫手》

藝術家艾雪的作品《畫手》中，描繪了兩隻手相互繪製的畫面，隱喻心理與身體相互影響的概念。請掃描 QR Code 觀看該作品。

「原始、不文明」的自我，都是自然惹的禍？

似乎直到近年來，人們才更清楚了解什麼是自然。自然就是人類尚未觸及的世界，是人類文化邊緣外的世界，是被我們改變之前、保持原樣的世界。而性慾，正是我們內在自然本質的一部分。

然而，我們已經開始意識到自身關於「自然」的觀念，是如何被社會所建構。自然是「血淋淋的尖牙利爪」還是和諧的花園？自然人是蠻夷或淳樸的鄉民？哪種對自然的描述才是正確的呢？

這個疑問的解答，取決於是誰在遙想自然：在什麼歷史時期、什麼文化背景、出於什麼目的思考？動物展覽與動物園，都是與城市化同時出現的事物，我們也一直把蠻荒的概念視為與當前文明狀態的對比和反面形象。語言分析學表明，儘管自然（nature）一詞的內涵很簡單，但它可能是英語中最複雜的詞。

人類體驗到的「自然」和「養育」都有神經連結的基礎，有了這些神經連結，人類才能生活。但我們可以肯定，在人類神經連結的形成過程中，自然至少是先於養育的，甚至早於經驗和文化改變自然之前。自然及養育這樣的二分法，一直以來主導著西方哲學和心理學，然而這個觀點，卻受到了神經生理學領域最新進展的巨大挑戰。

「生物」相對於「文化」，「自然」相對於「養育」，這些人類體驗的分層模型都基於這樣的假設：人類的神經系統在生物學層面上，在出生時已是一個完整的整體，並為迎接文化帶來的二次形成做好了準備。人類體驗的基層結構在孕育期間就已建立，而文化體驗則即將建構到第二層結構。

有些神經連結，將會變成內在體驗的生物部分，也就是基層結構。但事實證明，新生兒並不具備這些神經連結的大部分架構，**它們是在生命最初幾年內才發展完成的，並且需要具備生存所必須的社**

會、語言、家庭和人際關係等養育環境才得以發展。

如今我們知道，新生兒的大腦只有一部分已發育，出生時的神經細胞和神經通路都不完整——它們在相當大的程度上，都是透過嬰兒與他人相處的體驗才得以塑造。甦醒和靜止的模式、興奮和放鬆的閾值、晝夜節律等，許多類似的特徵在過去被理解為純粹的天生氣質或基礎結構，現在卻被理解為，在某種程度上由嬰兒和照顧者早期互動塑造而成的產物。

人們也已認識到，早期經驗會產生重大而持續的影響，文化會成為身體中神經系統的一部分。在生命早期神經通路的建立過程中，生物與文化、自然與養育，並未構成相互分離的層次或等級，而是相互滲透的結構。

「人類的性即是動物的性的翻版，是一種索求無度、自發產生的動力」，這個觀點流傳了好幾個世紀。其中，又以佛洛伊德的性衝動理論為這種概念最全面的發展樣貌。他認為，性在原始狀態下是貪婪而不加區分的。如今我們已知，動物的性慾有種種變化，並非無時無刻不被其內在驅動。許多動物的性慾都有著明顯的階段性（發情週期）和情境性（只對特定刺激做出反應）。

據我所知，並沒有任何動物，甚至包括和我們基因最為接近的靈長類動物，像人類這樣痴迷於性，哪怕接近的也沒有。

「浪漫起源於性慾的原始特性，因而從中衍生出了固有的精緻和不穩定特性」這種傳統觀點也已存在了數十年，並且在審美和道德上令人滿意。這種觀點透過把性慾定義成一種動物先祖強加的、我們不想要的遺產，說明人類部分否認了通常不喜歡的自我。

我們為自然賦予人格，從而放置自己難以承受的體驗於此。我們把人類性慾中令人不安的部分劃分出來，並創造了動物的性慾和自然的擬人化形象。由此，**我們推論出這種原始的力量，並將之描繪成源**

自祖上遺傳的陰影、一切的問題之源。

但現在，我們已不能固守「哈羅德粗魯的性慾，是他內在或社會自我下的一部分」了，粗魯的性慾正是哈羅德本身，或者至少說是他的其中一面。它是一種社會建構，就像他騎自行車的情境一樣，是由哈羅德和父母間微妙的互動所塑造的，尤其受到他的身體反應與母親誘惑行為間的互相作用影響。

兒時母親的行為讓他困惑，讓哈羅德感到挑逗和侵入性，同時又被要求堅守道德和禮儀。我們需要換種方式，來試著理解哈羅德心理的分裂特徵，和被隔離的興奮感。

先天與後天，早已水乳交融、難以分開檢視

在思索人類體驗自相矛盾的特性時，我最喜愛的隱喻之一，是侯

世達（Douglas R. Hofstadter）在著作《哥德爾、艾雪、巴哈：一條永恆的金帶》（*Godel, Escher, Bach: An Eternal Golden Braid*）中所描繪的「奇妙的迴路」。

侯世達論證道，這個迴路是數學家哥德爾（Kurt Godel）數學「不完備定理」之基礎，是艾雪令人繚亂的畫作之基礎，也是巴哈賦格樂曲結構之基礎。侯世達解釋說：「無論何時，若我們在某個等級系統中向上或向下移動，奇妙的迴路就會出現，**我們總會意外地發現自己又回到了起點**。」

例如，在艾雪利用幾何空間構建視覺錯覺的繪畫《相對論》（*Relativity*）上，若攀登者一直沿著樓梯向上爬，最終只會發現自己再一次回到

圖 2-2：艾雪的《相對論》

藝術家艾雪的作品《相對論》中，呈現了錯綜複雜的階梯，彷彿永遠攀登不完。請掃描 QR Code 查看該作品。

起點——完成了旅程，同時又重新開始了旅程（請見右圖2-2）。

侯世達認為，人類心理最具決定性的特徵，便是這種奇妙迴路。這種迴路中存在著「層級之間的交互作用，最頂層會向下延伸到最底層，並且影響它。與此同時，頂層又由底層所決定」。在人類心理中，大腦的物質基礎，也就是「硬體」，產生心理過程。而心理過程的「軟體」則透過迴路改變大腦的硬體。我們之所以能體驗到憤怒、焦慮、性興奮等情緒，只因為我們有產生這些情緒的神經網路。同時，這些情緒本身也會使大腦調整至相應的狀態，並分泌影響神經網路及功能的化學物質。

我們之所以能夠制定人生計畫，便是因為我們有使這些計畫成為可能的神經網路，這些計畫本身，例如鍛煉、藥物、冥想，又會回過頭來影響神經網路及其功能，連帶影響未來可能制定的計畫。用侯世達指代人工智慧世界的語言來說，**我們就是設計自我程式的電腦**。

傳統觀點中，把生物與文化、自然與養育視為人類體驗中分離、分層的架構，更加現代的觀點則認為它們是互相滲透的，侯世達的「奇妙迴路」便有助於我們形象化地理解這種觀點轉變。身體狀態會導致心理狀態，心理狀態又會影響大腦中的化學物質。

作為一種生物，進化使文化和語言的發展成為可能；反過來，文化和語言又生成個體所體驗到的各種觀念和隱喻。事實上，這些體驗的方式也會改變個體本身。從我們的物理存在中產生的語言與文化與其複雜性，把性慾比喻成野蠻的野獸、視為一種原動力，並用以解釋人類性慾中強烈、衝突、不安各個方面。反過來說，這種隱喻又成為幾個世紀以來，比如哈羅德這樣的人們體驗與對待自己軀體與性慾的重大影響因素。

在發展出「生物和文化相互滲透」概念的過程中，出現了一個在今日看來過時、甚至離奇的觀念犧牲品：存在某種前文化的人類性慾。在語言、社會結構和個人想像力能夠將性慾轉化為我們現在所體驗到的形式前，實在難以想像要如何把性隔離進一種純粹的、自然的狀態中。

這並非在否認生物因素，或者進化長河中一切塑造性慾方式的重要性，而是表示生物因素和文化現象之間密不可分的關係。想像一下在漩渦形成過程中兩股彼此交匯的水流——在它們相遇前，我們有可能把每股水流中的水單獨隔離區分出來；但在相遇後，兩者就會彼此交融。如果在這時從漩渦中舀出一杯水，我們不可能分清這究竟來自哪一股水流。

自然和養育的運作方式便和這個比喻類似，在人類體驗中，兩者並不以純粹的形式出現，也很難彼此區分，它們就如同兩股完全交融的水流。**傳統觀點中，將浪漫的脆弱性和降級傾向，歸因於性慾不受約束的貪婪，但這種傳統觀點已隨著時間辯證變得不再可信。**

既然我們找不到純粹的、未經建構的性，那究竟是什麼使性具有這樣的不穩定性？也許另一個瘋狂的迴路可以提供更多想法：這個迴路包含了人類同時身為個別生物以及社交生物的雙重特徵。

在性之中，我們體驗邊界，也放棄了邊界

自我不僅從與他人的關係中浮現而出，更充滿與他人的關係。然而在西方文化中，多數由自身體驗組成的自我感，卻有著獨特且不可侵犯的內在，以及部分可融合、部分則否的邊界。

在個人與關係之間、一體性與二重性之間，存在著一種緊張的關係。而性慾及它與浪漫的關係之所以複雜，在相當程度上皆源於這一緊張關係的深層意義。

生物和文化間的奇妙迴路，通常被描述成一種垂直狀態，即從低

層級中產生了高層級，高層級又迴圈回去改變低層級的過程。但讓我們想像某種翻轉過來的迴路，一種可以用來思考一體性與二重性、個人與關係、自我與他人的概念。或許可以說，最初人們正是在關係的、社會的、語言的矩陣中發現了自我，或如哲學家海德格（Martin Heidegger）生動表述的「被拋進其中」。

正是在這個矩陣中，個人在主觀上體驗到了內在的空間，個體心理得以形成和沉澱。一開始，主觀空間是一種關係領域的微觀世界，人際關係是內化的，並轉變成一種與眾不同的個人體驗。個人體驗也被調節和轉變，生成新的內在人際關係模式，而這些內在模式又能改變宏觀世界的交往模式。

人際關係過程產生私密的內在過程，進而重塑了外在人際關係模式，而外界關係模式將再度重塑內在心理過程。這樣的迴圈持續不斷，形成一種自我推進的奇妙迴路，一條無窮無盡、無止無休的莫比烏斯環（Mobius Strip），不斷重新生成和轉變著自我與他人。

性（和死亡）無疑是最私密的體驗。然而對許多人來說，只有在與他人身體互相交融的過程中，才可能獲得最強烈的性體驗。這種身體互相交融是幻想中的、感受中的，也是行動中的。**在所有人類體驗中，沒有哪個領域比性更能讓人感受到個人和社會間，既融合又緊張的態勢**。

傳統的心理分層模型也有助於解釋性之中的冒險和風險。性揭露了人類低級、像動物般野蠻的一層，也挑戰了社會對於正派作風的標準。但是，正如我們將會了解到的，性的真正冒險和風險，正源自它給自我和他人之間傳統邊界帶來的破壞。

我們在親密關係中建立和保持正派作風，以促進關係的持續性、安全感和依戀，身體的狀態和快感卻難以被掌控。**在性中，那些被認為下流且帶來心理危機的，從來並不是我們內心的野獸，而是內心的**

自我。

你的興奮，不是你的興奮

諷刺的是，在哺乳動物和靈長類動物的進化過程中，生殖器神經末梢的密度被刻意地「設計」成用於增強繁殖衝動，也給性體驗帶來了內在化狀態（interiority，指把注意力主要放在內在體驗的狀態）和捉摸不定感。

性喚起和性滿足可以帶來強烈的肉體刺激，這種刺激強大無比，也造就了性的絕對隱私。儘管性是我們最常見的體驗之一，卻沒人知道對其他人來說性是什麼。

對每個人來說，性都有高度獨特的形式，這些形式也使得性在個體的一生歷程中，都被身體器官的規律性所遮蔽了。性作為或多或少標準化的身體器官，儼然被人類的想像力劫持並改變。

與美國詩人葛楚．史坦（Gertrude Stein）的筆下的玫瑰不同[1]，佛洛伊德對人類性的探索中影響最持久的一點，便是他發現了「性不只是性行為」（sex is not sex is not sex）。正如佛洛伊德的發現，心理的性並不僅由性行為定義。

在心理性無能的情況下，性行為或許可以完成，但並沒有完整的慾望和滿足感。精神分析揭示了，性從根本上是一種內在化的狀態，對其他人來說是不透明的，而且某種程度上對主體自身也是不透明的。

作為人類的一種消遣方式，色情作品流行的時間長得驚人，這也在某個程度上肯定了人們的窺視慾：**人們渴望探究，性對別人來說是什麼樣子**。但我們也總是一再對色情作品失望，因為不斷發現自己永遠無法知道性對於別人來說是什麼樣子。

或許這是因為，無論性體驗的強烈程度為何，都只能從內部感知。在電影《末路狂花》（*Thelma & Louise*）中，主婦路易絲在家中既受挫又遭受家暴。在與一個陌生的小偷發生關係後，她第一次體驗到真正的、充滿情慾的性愛。她說：「我終於知道一切暴躁煩悶都源自何處了。」

以男女之間解剖學上的差異來推斷其心理差異，非常容易有失偏頗，但存在主義精神分析作家萊斯利．法伯（Leslie Farber）認為，由於性交需要男性高度勃起，且男性在性高潮後短時間內無法再次勃起，而女性的性興奮和性高潮徵兆都非常微妙且更容易模擬，導致男性的性不安全感和性嫉妒比女性來得更加深刻。

---

1 編按：指史坦筆下的詩句「玫瑰就是玫瑰就是玫瑰。」（Rose is a rose is a rose is a rose.），意指玫瑰就是玫瑰，不是其所象徵的其他東西，就只是玫瑰本身。

一個人自身的性體驗，對另一個人來說是不可知的。但法伯認為，女性比男性更不可知。女性做愛後會感覺已經「擁有」了對方，然而男性永遠無法真正確信這點。女性成功偽造性高潮的可能性也增加了男性投注的風險，在電影《當哈利碰上莎莉》（*When Harry Met Sally*）中，演員梅格·萊恩（Meg Ryan）在餐廳的一幕逼真地模仿了性高潮，造就了現代電影史上的經典畫面，這真是既有趣又恐怖。她的同伴甚至對服務生說：「不管她點了什麼，我要一樣的。」

我們都希望自己能全能地為自己和伴侶「安排」主觀體驗，也正是這種男女差異，驅動許多男性反覆詢問女伴是否有達到高潮，即使在這句話已起了破壞情慾的作用、壓抑了慾望原本的真實表達時依舊如此。

每個人都渴望了解對方在性經歷中感受如何；了解和其他人相比，對方和自己一起時的體驗如何；了解那些感覺、幻想、潛意識共鳴的微妙內涵是什麼。同時，每個人也都知道，自己的性體驗或多或少都無法言明、無法證明、終將是私密、隱蔽的。

性不僅是生理上的反射活動，在某種程度上還是想像力的活動，因此**無論是自己還是他人的性，都永遠無法被確定和預測**。從這個意義上來說，性體驗中總存在一種未知，一種差異性。這種未知同時會給人們帶來興奮，也會帶來風險，更部分地造成了潛在的不穩定。

但在長期關係中，這種「知道」往往會扼殺激情。雙方都確信彼此是可及的、都會深度參與關係，也將一種虛幻的透明和靜止，疊加到了本質上難以捉摸、變動不定的性之上。

我們會認為性是非常個人且私密的，是因為它在我們內心激起的感受。世俗對性的理解，以及在二十世紀早期將其集大成的性衝動理論中，最具決定性的特徵之一，便是認為性是一種源於生理組織的內在原動力。

我們的身體需要攝取營養和排出廢物，這種本能慾望會隨著時間推移而增加，直到獲得滿足。許多人認為性也是如此。為了生存，進化設計出了性和攻擊本能，源自這些需求的本能慾望，會從內部推動著我們行動。

人們相信，時間會增強這些需求，本能慾望也會不斷增加、直至被滿足。佛洛伊德認為，隨著性驅力（以及攻擊驅力）不斷累積，我們會尋求讓自己獲得滿足的對象。當然，並不是所有對象都能帶來滿足，特定的性慾投射對象和攻擊慾投射對象，會透過早年相關體驗和驅力的滿足聯繫在一起。

按照這種思路，**性就像飢餓一樣，是由內部的推動開始，隨之產生一種緊張狀態，讓人尋求特定對象或物件來釋放，但這當然不是故事的全部**。他人有著不僅能滿足，還能激起性慾的強大力量，能夠透過幾乎所有感官使人興奮起來——諸如傳統認為的觸摸和注視，到新興研究發現的聲音和氣味等。

隨著性慾的逐漸增強，性會成為一種來自內部的強大推動力，神經連結也使我們會對他人的刺激做出敏銳反應。佛洛伊德認為，在缺乏性喚起物件的情況下，許多性慾其實是自發產生的，這當然沒錯。但我們也需要更仔細地觀察，才能發現**那些看似自發出現的慾望，到底是由身體還是自我產生的**。近年來精神分析對人類主觀性的探索，已讓人們注意到那些有意識和潛意識的幻想，以及其如何更新自己體驗的方式。

我們每天早上醒來後，通常面對的都不是嶄新的世界，我們能預期今天的世界依舊由昨天的元素組成，我們期望找到同樣的誘惑、同樣的危險、同樣的獎賞，以及同樣的失望。我們身處的外部世界在某個程度上，其實是對內在世界和內在人物的想像性再造，而內心不斷重建的那些人物會繼續錨定、撫慰、挑戰、威脅、激怒、喚起、滿足和折磨我們。

自我與他人的羈絆如此之深，以至於在有意識和潛意識的層面上，**我們最私密、最內在的體驗，都與那些隱含的他人牽連著，也都被他們塑造著**。當蘇珊（請見第1章）體驗到對愛人的渴望時，這種渴望並不僅像氣泡一樣從身體中流瀉而出，還從她所構建和維持的主觀世界中浮現。其中核心，便是她對溫暖體貼的丈夫，既安全又麻木的依戀。

當哈羅德發現自己沉浸在色情的幻想中時，他的興奮感也來自那座「責任之山」一般的主觀世界，他用這些責任來促成自己對妻子的依戀。因此，當更深入進入自我的隱私、內在的隱蔽之所時，我們往往會發現這種奇妙的迴路，也指向一種對他人過剩的關注。

你想追求的，總是最想逃離的

辯證自我與他人關係的第二方面，即是這是否會激發情慾？被哲學家稱為「相異性」的誘惑又是什麼？詩人、哲學家，和精神分析學家認為，性激情的核心特徵是超越自我、超越自己體驗中那些熟悉的邊界，是一種觸及另一個人，也被另一個人觸及的感覺；是一種「穿透」另一個人，也被另一個人穿透的感覺。

但顯然，並不是任何一個自己以外的人，都可以成為這個「他人」，每個人都偏好某種或某些類型，那些剛好能帶勾起自己「反應」的獨特差異形式。差異性和同一性是對立的。對立似乎意味著事物彼此毫不相干，但對立面之間，其實有著極深的聯繫——兩者通常隱含著彼此，**某種意義上來說，它們相互塑造了彼此**。

光明以黑暗為前提，反之亦然；向上以向下為前提，反之亦然。

許多基本概念都是被其對立面隱晦定義的，這種定義如此地精確，以至於只有在作為對比和互補概念出現時才有意義，就好比陰陽這種概念。

我們在伴侶身上所尋求的差異性，大多也以這種方式運作，並從中發現興奮感的來源。對立面往往是互相吸引的，這種吸引是因為二**者是彼此的反面，是以不同形式存在的相同事物**。按照這種方式來思考，差異性或許可以被重新定義。

對於自我來說，差異性並不是真正陌生的東西，而是自我中被壓制、截斷、駁回的那些部分，心理學大家榮格（Carl Jung）將自我這些被否認的特徵，稱為「陰影」。自我的定義，與非我的關聯如此緊密，因此點燃情慾激情的那種差異性，可能會被認為是自我的另一種形式或鏡像。

那些帶有傳統性別內涵，又立場鮮明的兩極概念，通常是激情的核心：冷酷／親和、強勢／順從、獨立／依賴、堅強／柔弱等。然而，還有許多其他類型的對比概念，以更複雜的方式存在於伴侶之間，反映了相似的鏡像互補性，例如：優雅／粗俗、心思縝密／天真無邪、華麗／樸素、開朗／拘束等。對方身上的差異性對我們的誘惑，可能甚至不如對方提供的機會：**一個在安全距離內，和自我被否認的面相接觸的機會**。

許多浪漫關係中普遍存在的無益之處，源自同一性偽裝成差異性的方式。我們相信自己正在逃避自我、正在修正過去，因而選擇那些能共譜未來自由行為的人作為伴侶，**宣稱他們截然不同，但事實上並沒有**。

我們都有一種傾向，即堅持不懈地重複自己的痛苦。在愛情中，我們展開每段新關係時，都會將其當作前一段關係問題的解藥，而每段新關係，最後又會變成另一段過往關係，這種重複實在令人氣餒。

有時，人們會把這歸因於，**我們總在潛意識之中尋求童年的伊底帕斯客體**。如果某位男性害怕母親身上的某些特徵，往往會設法找一個看起來與母親相反的伴侶，但實際上這位伴侶也是母親的複製品；如果某位女性過度理想化父母中的一方，並鄙視另一方，她就會設法找到一個看似擁有她所嚮往的父親或母親特徵的對象。但同樣地，隨著時間推移，這位對象恰恰會顯現出她所鄙視的那些特徵。

這一切其實並沒有那麼神祕莫測。許多關係中最諷刺的是，對方表現出的某個特徵促使我們選擇對方，但在對方自己的心理中，這個特徵通常是用來防禦它的相反面的。看起來非常穩重的人，也許一直在防禦內心的混亂和衝動；看起來活潑的人，也許一直在抵抗潛在的憂鬱；有著崇高價值觀的人，也許一直在抗拒內心對悖德的隱祕迷戀。性感耀眼的人，也許一直在掩蓋一種深深的死亡感和缺陷感，等待著某人為自己注入生命的活力。

我們會選擇他人的差異性作為過往關係的解藥，以及選擇看起來和自己互補的他人，但這其中通常隱藏著自己一直希望逃避的特徵。當我們全身心地去愛一個人，那麼我們會發現，**我們愛戀的將不只是那個人本身，還有和對方在一起時的自己——我是誰，我將成為誰**。

對哈羅德來說，在自我／他人的奇妙迴路上，性處於什麼位置呢？另一個人是如此需要他，讓他難以想像在和對方親熱的過程中屈服於自己的快樂，他認為這是一種粗魯、粗鄙、冷酷的剝削。那麼，又是誰將這種陰影如此強烈地投擲到哈羅德的存在上的呢？誰是這個「他人」？

最初，這個他人是哈羅德的母親，或者更確切地說，是他作為小男孩時所體驗到的母親，他體驗到了母親的過度關注和所有其他問題。這個最初的他人一直留駐在他內心，成為一種內部的存在。成年後，他對新的他人，比如妻子的體驗，會大大受到他與母親早期依戀的影響。如今，哈羅德在自我和他人的迴路中，會根據自己內部需求構建對妻子的體驗，但他仍堅信自己需要盡職地服務好設想出來的強大他者，也就是母親。

童年時對母親的體驗留駐在哈羅德的內在，並成為某種提供安全感的存在，妻子則是這個內部存在的外部複製品。在與他人的隔絕中，哈羅德尋找著孤獨的快樂，但其實他並不是真的孤單一人——他會幻想一個充滿唾手可得、易受控制女性的世界，幻想一個包容的宇宙。只有在這種幻想，或自我和他人的迴路中，他才能允許自己暴露並臣服於私密的性興奮。

臣服：放棄對自己的掌控

臣服感是浪漫的核心，而自我和他人的奇妙迴路在其中起了重要的作用。愛情令人陶醉，令人痴迷，甚至把愛的體驗描述為「墜入愛河」、「慾火焚身」，還有電影《教父》（*The Godfather*）中麥可・柯里昂（Michael Corleone）所說：「像被雷電擊中一般。」

濃烈的情慾興奮，就像一股源於自我之外、超越自身能調動的力量，這種力量會動搖正常的自我，暗中削弱習以為常的主觀自我控制感。搖滾巨星「貓王」（Elvis Presley）也在歌詞中寫下「我戀愛了，我現在渾身是勁」。正是臣服的誘惑，使激情不可避免地危險起來。**激情是不可預測、不請自來的，處於對生活有意志地控制之外，而這種控制需要非常大的努力才能維持**。

自我與諸多他人（或諸多自我與他人）之間複雜關係的迴路，在在揭示出為什麼如此多人都把性主觀地認為是「野蠻的野獸」。野獸意味著對他人的非人道漠視、一種為了自身目的，而對他人施加的剝削、一種為了自身快樂，而把他人當成動物一樣使用（展現在把動物擬人化和浪漫化的過程）。

比起「有時我們就是野獸」相比，「我們內在住著一頭野獸」的認識更令人容易接受。野蠻的野獸意味著擺脫人格上的束縛，也把他人去人格化；野蠻的野獸也許允諾了某種觸及另一個人，或把自我從他人要求中解放出來的方式。

彼此都像野蠻的野獸，可以使雙方在擺脫了人格和社會條件下互相「使用」對方，也提供了濃烈且即刻的情感互動。這也許是人類其他形式的親密關係，比如舞蹈編排式的互動，所不可能提供的。

法國小說家和哲學家，曾經把性高潮的體驗比作「小小的死亡」（La petite mort）。我一直很難理解這點，只把它看作抽象的文學奇想。因為對我來說，**感官享受和性高潮更像是強盛的生命，而非死亡**。

但色情作品中所描寫的死亡，可能不被認為是生命的損耗，而是結構的損失，這清晰揭示出自我和他人間關係辯證的另一個面向。成為一個人必然需要自我組織，無論自我結構多麼豐富多樣、多麼確切實在，都會排除和縮短體驗的許多維度。為求簡潔和可靠，其中濃密度和複雜度會被不可避免地犧牲。

在區分自我與非自我的過程中，彷彿有個網格被疊加到自我與他人複雜的交融上。**大量且深遠的喪失，是個體在發展、成為一個個體的過程中難以逃避的特徵**。人們已透過多種方式表達這種喪失，其中最具影響力的，也許是華茲渥斯（William Wordsworth）在其詩作《死亡的暗示》（*Intimations of Mortality*）中所寫：「追隨閃亮雲彩的童年時光飛逝而去，沒有什麼能夠重現那時草的鮮亮、花的榮光。」病理的和健康的自我發展都會喪失，或許還有對心理結構本身壓力的回歸、擴張，和從中解脫的渴望。

浪漫愛情的自我臣服功能，也在知名的愛侶身上得到了戲劇性的展現，即莎士比亞筆下的羅密歐（Romeo）。在《羅密歐與茱麗葉》開場時，羅密歐憂心忡忡的親戚就在討論他的相思病，但在這時，男主角的愛慕對象還不是尚未相遇的茱麗葉，而是發誓絕不戀愛的羅瑟琳（Rosaline）。

在故事開端，羅密歐寫了一首抒情詩，讚美羅瑟琳的無邊魅力：「無所不見的太陽啊，自天地誕生以來，從未有過能和她媲美的人。」但這首詩作成沒多久後，羅密歐就遇見了茱麗葉，事態也瞬息萬變：「心之所愛還依舊嗎？我發誓要放下她，看！直到今夜，我才見到真正的美人。」這不禁令人懷疑，相比這兩位女性，羅密歐是否其實更愛戀愛的感覺。

而在故事悲劇性的結局中，愛侶兩人都自我毀滅了，與其說是臣服於某個特定的人，不如說是臣服於無自我（selflessness）本身。或許可以這樣理解，性的超越力量，恰恰來自其削弱日常心理結構、動搖自我體驗的潛力。

若捲入強烈的性體驗、浪漫體驗，或其他體驗中，個體往往會出現各式各樣的臣服和對自我控制的放棄，讓自我臣服於另一個人，把主動權交到對方的手中，讓自己被喚起、被挫敗、被撩撥、被滿足。主觀的自我控制需求，臣服於身體的感覺和過程，臣服於軀體上的意外感受。當沉浸於對方帶來的感官感覺和身體韻律中時，潛在的自我就會浮現於幻想中，平常的自我則臣服於這些潛在的自我。

在浪漫愛情中，對方與眾不同的差異性變得更加重要，也因此可以把情慾的性與不那麼複雜隨意的性區分開。至少在一定程度上，對方被體驗為神祕莫測、充滿誘惑的，既在那裡又不在那裡。正因為它必然會帶來一種「從某個獨特的人那裡獲得某些重要東西」的渴望，強烈的慾望總是如此危險，我們內心已經同意讓這個人的地位變得舉足輕重。**對方的特殊性帶來了風險，他或她擁有超出控制的吸引力，**

因而讓人產生強烈的脆弱感。

愛侶不可避免地會想出一系列彷彿著魔般的策略，希望透過幻想來努力重建對對方的控制。這種方向的極端就是性變態，其核心特徵是在自己的全能控制下，把對方降級為一個物品，因此性行為將變成某種固著而重複的腳本，不可能產生什麼新的變化——但所有人都會努力用一種不那麼絕對，且更微妙的方式調節慾望帶來的風險。

我們尋求穩定感、可預測感和可靠感；我們變得依戀他人，希望依戀的對方保持穩定，不再改變。而諷刺的是，**依戀是情慾的大敵**。從童年早期之始，刺激、難懂、神祕等感覺就被父母提供的安全感取代，但又正是這些感受構成了情慾，它們也恰恰是我們想從成年的日常生活中消除的特徵。或者說，從原初的那些關係、從安全的依戀中將其消除。

一般認為——前提是幻想者有足夠的機會或勇氣去面對的

話——性幻想其實揭示了人們真正想做的事，但其實，性幻想恰恰表達了幻想者不願意去做的事情。如果只是自由想像中的幻想，某些性活動會令人興奮；一旦實際發生，則會變得令人厭惡。

我們把幻想限制在陌生人中，假裝自己只有和他們在一起時才會做幻想中的事情。因為假使把各種衝突的慾望和幻想帶入與所依賴之人的實際關係，只會讓它更加困難、更加危險。

透過失控、重拾掌握的他；不計代價，滿足愛人的她

對部分人來說，除非對方主動提起，或者用明顯放縱的方式尋求性活動，否則他們很難允許自己的性慾被喚起。就像所有強烈的情緒一樣，性喚起是有傳染性的，而彼此的興奮也會交互激發。

這背後通常還有另一個因素在起作用：強烈的性興奮，讓某些人

感覺自己很矛盾、骯髒、粗魯或有攻擊性，以至於不願意讓自己在別人面前如此表現，尤其是在愛戀和尊敬的人面前。所以，**他們需要對方主動，或者用即刻且確定的信號回應自己，向自己保證可以接受接下來的性慾**。

在某些極端案例中，只有特定類型的人才能使他們感到興奮：某些人只被粗野、強硬、危險的男性吸引，或許還需要對方表現得像個犯罪分子；另一些人則只被淫蕩、誘惑的女性吸引，可能還需要對方公開、清楚地贊同性活動。有了這些前提條件，他們才能允許自己去感受慾望。

喬治（Geroge）結婚十年了，婚姻給他帶來了巨大的苦惱，也讓他轉而尋求心理治療的幫助。儘管很愛妻子和年幼的孩子，但他開始認識到，妻子有著讓自己難以承受的控制欲，感覺就像日漸嚴重的幽閉恐懼症一樣。

妻子總是提出各種各樣的要求，比如喬治若不能準時回家吃晚飯，就得打電話通知她一聲，這讓喬治覺得難以忍受、覺得被逼迫，越來越想和其他女性私通，對妻子的不滿也與日俱增。

最終，喬治有些尷尬地透露，他做過最激烈的性冒險是定期和幾位女性約會，對方會扮演施虐者的角色。在這些性邂逅中，他會把主動權完全交到對方手中——她可以對他發號施令、把他捆綁起來，想做什麼就做什麼。他會乞求對方的仁慈，祈求被釋放，但這些祈求無濟於事。儘管過程中鮮少有生殖器接觸或性高潮，但喬治仍覺得這樣非常刺激。

我對喬治這種古怪又諷刺的狀況很是震驚，妻子合理的要求讓喬治覺得受到壓迫，十分不舒服，他卻又自願把自己置於陌生人的控制之下。喬治解釋說，這種控制只是一個誇張的虛構情境，他們會設定一個安全詞。雖然他會在過程中乞求對方，但那不是真的在求饒，除非他說出安全詞，這齣戲才會立刻停止。**他才是真正擁有控制權的人，也正是這種徹底的控制權，讓他能假裝是對方在掌控一切。**

我們逐漸開始理解這一切，喬治抱怨的、來自妻子的控制其實也正是他所渴望的，只是他害怕自己會屈服於它。事實上，喬治非常依賴妻子，所以即使像打個電話這樣的微小讓步，對他來說也顯得非常危險。

於是，喬治只能讓自己在精心設計的劇本中，臣服於毫無利害關係的他人。一段時間後，我詢問他如何確定施虐者會遵守安全詞的規則？當然，一方面有經濟力量這樣的背景因素存在，但他也發覺，這其中似乎包含著「信仰的飛躍」，但他謹慎地不讓自己注意到這點。甚至經濟上的主動性也是複雜的，慾望總是存在風險。

與幻想相反，事實上的全然控制很難實現。喬治相信事實上一切盡在掌控之中，同時又想像自己在對方的控制之下；從另一個角度來看，事實上他處於對方控制之下，但為了能夠假裝沒有臣服，他又想像一切盡在掌控之中。**人類的關係圍繞著複雜的相互依賴，建立帶來控制感和可預測感的情形，往往都具有這種俄羅斯娃娃般、層層相套的特徵**。

臣服於對方的力量以獲得性喚起和性滿足，對喬治來說十分可怕。妻子在許多方面對喬治都很重要，因此他也依賴著她；同時，他又不斷地讓她的期望落空、只為想像自己在妻子的控制之外放肆，如此才能感到安全。至於陌生的施虐者，喬治在她的幫助下建構了某種自己可以完全控制對方的幻想，如此一來他才能在對方的徹底控制中，臣服於自己的興奮。

另一位女性維若妮卡（Veronica）年約四十歲出頭，風韻猶存。她認為自己開放的性經歷會為婚姻帶來威脅，因而前來尋求治療。她在亞特蘭大長大，是家中的五個孩子之一。她的爸爸是個警監，不僅性格強硬、四處拈花惹草，還有虐待傾向。維若妮卡的母親因此長期飽受折磨，情緒抑鬱。

維若妮卡的爸爸嚴厲地管教整個家庭，對女兒們尤其控制。他警告她們，不許和男性有任何越界的來往，但維若妮卡和姐妹們總會一同籌劃性冒險，合作編造複雜的故事，以掩蓋自己與男性的來往，並逐漸深諳此道。她的父親會分別審問孩子們，看看她們的說法是否相互印證。這讓她們感到性愛是一種極端刺激、危險和具有破壞力的活動，只有父親才有資格這麼做。

成年後，維若妮卡總被那些家境富有、生活節奏快速的男性吸引，她認為他們充滿力量，也難以抗拒去誘惑對方的想法。然而，在性愛過程中，她只有在自己編造的幻想中才能感到興奮，即和愛人在一起的不是自己，而是另一名陌生女性。她想像中的那個女性會讓男性極度興奮，欲罷不能。在過往關係中，一旦維若妮卡開始擔憂愛人對自己的性興趣趨緩，就會為愛人安排性服務，讓其他女性來演出這套劇本。

維若妮卡深愛她的丈夫，認為丈夫對自己的激情會不可避免地減退，令她害怕不已，也害怕自己想去尋找、誘惑更有權勢男性的強烈衝動。童年時代對父親強烈的矛盾心理，似乎使她喪失了找到和擁有快樂的能力，她的快樂永遠受到男性的劫持，**她需要不斷地喚起、滿足又拒絕對方的慾望**。

重複的幻想常常使自我與他人成為某種特定的連結，這將帶來真實、不可控的世界中自我和／或他人毀滅的風險。對維若妮卡來說，她最私密的快樂已經被充滿侵略性的父親捕獲、束縛了。她尋找男性，讓他們興奮滿足，是因為**希望自己快樂的權利最終被歸還**。對方是她內心中綁架者的又一個版本，她想像著成為那些替代自己的女性，或者向她們支付費用，透過這樣的方式暫時釋放渴望解放的那部分自我。

讓情慾消散的，正是讓愛意永恆的

使浪漫降級，是性之中原始本性帶來的結果——我們一直在反覆思考這個常見的解釋。正如詩人葉慈（William Butler Yeats）在《瘋女簡》（Crazy Jane）系列詩中的描述「愛情總是把宅邸搭建在廁所」，因此浪漫的座席總是搖搖晃晃，處在滑入淤泥的危險中。我們必須不斷尋找更堅實的土地，建造更穩固的住房。

但是，如果事實是「性是原始的」，這種解釋就需要修正。「性是原始的」源自個體內在難以容納和他人相處時，自我體驗中那些各種各樣、相互對立的面向，以及這種困難的產物。

愛意和慾望如果在同一段關係中難以維繫，並不是因為它們各自來自不同的遺傳層次。愛意和慾望都是完全屬於人類的，困難處在於**它們引導著我們走向完全不同的目標**。

愛意尋求控制、穩定、持續和確定；慾望尋求臣服、冒險、新奇和未知。在愛意中，我們尋找依戀的物件、錨定的根樁，尋找確信能夠依靠的臂膀。在慾望中，我們既在尋找遺失的、被否認的自我碎片，也在尋求超越自身的事物，尋求突破自我認知的邊界。

在通常情況下，我們會非常激烈地保護自我認知。情慾激情會動搖人的自我意識。當我們發現某個人會強烈地喚起陌生的自我體驗並使之成為可能，發現這個人喚起了令人著迷的差異性，就會迷失在自我／他人的迴路中。

我們希望控制這些體驗，以及控制激發這些體驗的人，因此情感連結傾向於降級成一種策略，一種為了安全感而扼殺慾望的策略；性興奮則傾向於降級成所有性慾倒錯都包含的元素——崩潰的期望和全能控制感，同時抹殺了愛意存在的可能性。

隨著時間推移，我們會不可避免地努力把同一段關係中那些令人感動卻又不安的體驗置於控制之下。如果希望維持浪漫中的不穩定張力，重獲浪漫的狀態，我們需要努力抵制這些衝動。

情慾組成了性的奇妙迴路，根據情慾的辯證，當我們踏上通往他人差異性的旅程後，往往會驚訝於自身的未知特徵。對於內在化狀態和無法言說隱私的探索，通常會使我們驚訝於他人的存在。

第3章

理想泡泡會破滅，誰吹的？

「逃不開的浪漫，躲不開的夢幻抉擇，幻滅是最後的幻象，現實是腦海中呈現的景象，重點不是它如何存在，而是如何理解。」

——美國詩人，華萊士．史蒂文斯（Wallace Stevens）

我在大學期間所學到的變態心理學原則之一，能用一句好記的諺語如此表達：**神經病症患者，總幻想著空中有座沙子做的城堡，精神病人則會以為自己住在其中**。

這句話反映了三種心理狀態：神經症患者的幻想世界、精神病人的妄想世界，以及說話者所在的現實世界。說這句話的人，大概既非神經症患者，也非精神病人，他或她處於這個唯一、堅實而可靠的現實世界。但在當代生活漩渦中，這些心理狀態領域不再如此互相分離、清晰區別。

如今，我們正在嘗試理解文化生活各個層級全新而複雜的現狀：從網路聊天室、可容納多個使用者的虛擬實境，到像動畫《辛普森家庭》（*The Simpsons*）或《南方四賤客》（*South Park*）裡憤世嫉俗的人物之間，似乎更貼近清醒現實的對話，再到龐克文化（punk），以及詮釋學、建構主義和後現代主義的認識論革命。**現在的人們是如何**

看待幻想、妄想和現實的呢？我們該如何從正常和病理的角度，理解它們在情感生活中的地位呢？

如果性產生了驅動浪漫愛情的能量，那麼理想化就為其提供了指南針，組織和引導著情感付出。浪漫關係中迷戀的關鍵成因，是「你產生慾望的對象不是普通人，而是特別的、唯一的命中註定」。

根據普世觀念中對愛情的認識，浪漫愛情彷彿有某種魔力，使人心靈著了迷，頭腦滿是激情，平凡而可預期的現實變得超越凡俗，神聖崇敬占據了全部思緒。浪漫是一種能改變個體意識的狀態，就像把單調的顏色變得色彩斑斕。

因此，**理想化是浪漫愛情的核心，是這種魔力的源泉，更是使它脆弱易碎的重要原因之一**。理想很容易破滅，於是乎魔法消失、戲法暴露。共度完狂喜之夜後，羅密歐和茱麗葉開始畏懼陽光，茱麗葉甚至絕望地把在清晨唱歌的雲雀誤認為是夜鶯。

如果浪漫是建立於理想化幻象上的偶然，那麼它只會如風飛逝般短暫，或是莊重但違心的欺騙。在普通人眼中，墮入愛河的核心便是強烈的理想化，這種理想化是退行的、孩子氣的、圍繞著幻想的。浪漫隨著時間消散，彼此間的日益熟悉帶來了更現實、更難掩瑕疵的觀點，就像刺眼的朝陽驅散了朦朧的月光。最好的狀況，似乎僅是將痴心的迷戀轉變為清醒的「喜歡」。

四十多歲的凱西（Cathy）結婚已十二年，長期以來對丈夫心懷怨憎，並刻意與對方保持距離。可是近來幾天晚上，她發現自己竟會對丈夫產生短暫的性興趣，讓她覺得很不舒服。儘管在最初交往的那幾個月裡，這種興奮曾讓她感到高興。

凱西曾有童年創傷和被遺棄的經歷，有時她也會感受到來自丈夫的背叛和拋棄，並為此非常失望，這讓她對近日重現的興趣有些矛盾。她相信，這種興趣與她早期對丈夫的幻想有關，儘管後來已逐漸覺得這些幻想愚昧又不切實際。

凱西覺得，自己現在明智多了，如果繼續放任自己體驗和培養這種興趣，可能會軟化內心對丈夫的態度。這相當於原諒他，原諒過去對他的那些失望，放棄讓他做出補償，也放棄讓他對未來做出保證——她絕不會這麼做。

凱西的愛情就像常見的浪漫愛情一樣，因理想化而迸發火花。丈夫曾是獨一無二的那個人，但她後來才發現他太普通了。這些浪漫幻想起源何處？「獨一無二」的信念如何才能經受住時間的考驗？

理想的美好幻象，源自自戀的轉移？

隨著佛洛伊德用他敏銳的思想，清晰闡明了浪漫與理想化之間的關聯，彷彿為世人打開了一扇審視浪漫本質的窗戶，讓我們得以一覽其中所包含的內在邏輯和前提假設。

佛洛伊德將理想化，定義為某種「高估」。事物都有其本身的屬性，有某種客觀的價值。當理想化某個事物時，比如某個人、某種品質、某樣觀念、某些緣由，我們就**賦予了它一種幻想的、超出其常規意義上應具備的價值**。

理想化可以涵蓋許多方面，從虔敬的崇拜、自我犧牲式的順從，到決絕的自我破壞，再到對另一個人神魂顛倒的體驗。這種價值高估的傾向從何而來？佛洛伊德設想，這起源於新生兒幼稚的心理狀態。他認為嬰兒沒有理性能力，無法區分內在與外在、自我與他人，只能沉浸在一種自我滿足的、源自性慾的激情中：**世界使我愉悅，我就是世界**。

佛洛伊德用「原發自戀」（primary narcissism）來描述這種原初的心理狀態，這個詞源於希臘神話中愛上了自己倒影，並因此溺水而亡的納西瑟斯（Narcissus）。

隨後，嬰兒的注意逐漸轉向外部，朝向所賴以獲得愉悅和生存的那個人。最終，嬰兒的原發自戀狀態開始破裂並消散。只有當嬰兒高估那個為自己帶來愉悅的人，原發自戀才能重新轉向，並轉化為佛洛伊德所說的「客體之愛」（object-love）。但是自戀性的自我之愛，總是成為我們與他人交往遇到波折時的基底，是早已備好的、愛欲撤回後的歸宿：**誰會像自己一樣愛自己，還愛得那麼踏實可信呢**？

然而無論目標是什麼，價值高估總是不安全、不穩定的。還記得納西瑟斯的遭遇嗎？他投身於倒映著自己幻象的黑暗湖水。在佛洛伊德看來，自戀是非常危險的，納西瑟斯身上發生的事也可能發生在你我身上。過多的自戀和對自我的過度理想化，會將人拉離現實世界並導致瘋狂。

然而，由於自戀的總量是有限的，將過多的自戀外化給另一個人，也就是**將另一個人作為浪漫的理想化對象也很危險**。若把所有的價值都歸於他人，對浪漫的渴望會耗盡自我。佛洛伊德認為，**沉迷於愛情是精神病的反轉形式**；沒有回應的愛欲和沒有回報的自戀式付出，可能導致自我厭惡和自我摧毀。

大多數情況下，對自我或他人的理想化既不會導致瘋狂，也不會導致引起自殺念頭的絕望。高估浪漫會產生不穩定的狀態，這種狀態會在相當短的時間內被更穩定而理性的觀點取代，令人鬆了一口氣。從心理健康的視角來看，我們對他人的評價，最終會像對自己的評價一樣恰當合理。魔法解除，迷戀的幻象消散，取而代之的是更清醒、真實的視角。

佛洛姆和其他人指出，佛洛伊德對生活的看法出自十九世紀後期歐洲文化的背景，它同時反映了浪漫主義和啟蒙運動的思想潮流。佛洛伊德的本能理論及潛意識理論中，顯然存在著一種浪漫主義式的敏銳情感，即我們都被黑暗、未知的力量驅動。

然而，佛洛伊德又深深信奉啟蒙運動的理性原則，這調和著他的浪漫主義張力，認為存在一種正確、理性、科學、沒有幻想的理解世界方式。透過辛苦的工作和訓練，基於快樂原則的、由幻想所激發的幻象，能夠也應該被基於現實原則的客觀理解所代替。

佛洛伊德深深信奉著理性客觀這一啟蒙運動理想，這在他關於愛情的思考中表現得最為明顯。浪漫是短暫的，因為它根植於理想化上，而理想化脫離了現實，脫離了對自我或他人的理性評估，這十分危險，一切的穩定性取決於精確的評估。

從目前的歷史角度看來，佛洛伊德對科學的虔誠和奉獻既讓人驚訝，又像是一種諷刺。佛洛伊德恰逢趕上十九世紀後期和二十世紀早期科學領域的突飛猛進，它不僅帶來了科技和實踐上的運用，也被視為一種世界觀。和同時代大多數進步知識分子一樣，佛洛伊德認為科學是一種能夠允許人類看見、掌握和操縱世界的方法論。

根據該時代的思想，曾經在西方文化中占主導地位的世界觀，是猶太教—基督教思想，這種世界觀一直用幻想、神話和幻象解釋現實。佛洛伊德和該時代其他知識分子相信，科學驅散了迷霧和神祕，使我們能夠客觀看見世界的真實面目。

望遠鏡把遙遠的宇宙展現在我們眼前，顯微鏡使我們看見肉眼不可見的物體，X射線使我們可以看穿物品的內部，精神分析方法則使我們了解人類潛意識的運作方式。

毫無疑問，在二十世紀最初幾十年裡存在一種普遍的信念，即科學把我們放到了解決所有問題的正確途徑上。人們發現冷靜的理性思考，不僅指引著自己對物質現實的理解，也指引著自己對倫理和政治的理解。透過這種去除虛飾與幻想的視角，為各種事物賦予適當且客觀的價值。

因此，對佛洛伊德和同時代的人來說，科學催生出了科學主義：一種對客觀主義的虔誠信奉，相信它已經脫離了願望、幻象，以及宗教等主觀主義的痕跡。

但我們現在知道，事情並沒有像預想中那樣被解決。伴隨著技術進步而來的核能發展和生態浩劫，以及隨之催生出的可怕邊緣政策[1]，讓我們清楚意識到對物質世界的理解與操縱能力，以及明智使用這些能力的智慧間存在顯著差異。那麼，可以從哪裡獲得這些智慧呢？對今日許多人來說，赤裸裸的科學主義理性本身，似乎也不再如過往堅定。

從我們的角度來看，二十世紀早期和中期先驅們所信奉的科學主

1 編按：邊緣政策（Brinkmanship），誕生自冷戰時期的術語，用以形容近乎要發動戰爭、到達危機邊緣的情況，從而說服對方屈服的戰略。

義，與其說是對理性的推崇，不如說是一種信仰。佛洛伊德認為，愛情關係能夠而且應該抽離理想形象，這樣親密的另一半才能被客觀、恰當地評價，然而這種信念本身就是一種異乎尋常的、極不可能的理想化觀念，正如詩人史蒂文斯所指出的：「**能夠去除幻象的想法，就是最終的幻象**。」

儘管如此，人們關於愛情的共同智慧，和引導佛洛伊德的客觀主義之間有著共同的基本假設。我們似乎相信，其他人會像自然世界的物件一樣被認知，對他人的了解和恰當評價，也會隨著時間的推移而逐漸積累。

我們傾向認為，浪漫、激情是一種虛幻的賞識，一種陶醉的狀態。我們被教導，幻想會利用自己對對方的陌生構建理想的形象，而時光則會帶來更清晰的觀點，這種完美的理想形象，終將會隨著時間逐漸消退。

「獨一無二」的歷史，沒你以為的長

人們往往會不假思考地，把自身文化假設和自我體驗的社會建構視為普世原則。那麼，如果希望增加看待這些假設的視角、掌握社會建構的意義，**最好的方式，莫過於置身自身文化與其他文化間的衝突**——人們也經常會因這些衝突而驚訝不已。

奧德麗．理查茲（Audrey Richards）是一名人類學家，曾在一九三〇年代與羅德西亞（Rhodesia）北部的本巴族人（the Bemba）一起工作。理查茲博士曾對一群本巴族人講述一則英國民間傳說，內容是一位年輕的王子攀越玻璃山、穿過了峽谷，然後與惡龍搏鬥，只為牽到心愛姑娘的手。

這些本巴族人聽完後，顯然被故事搞糊塗了，他們面面相覷，直到一位老酋長用了個簡單無比的問題，表達了在場所有人的感受：

「為什麼他不找個別的姑娘呢？」

在西方文化中，**唯一性是浪漫激情的核心。情人們相信自己只為彼此而生**，但巧合的是，浪漫愛情中必不可少的唯一感也同樣存在另一種關係中：父母對孩子的愛。

親子關係是當代生活反覆出現的意義根源，這並非偶然。激情愛情中的浪漫，和父母之愛中的浪漫，以及自我之愛中的浪漫，在從中世紀社會向現代家庭生活轉變的過程中，一起逐步演化至今。仔細思量它們的共同起源，絕對有助於搞清楚浪漫激情的發展前奏，及其精緻的內在結構。

根據部分歷史學家的說法，「家庭」和「童年」這兩個概念在中世紀時還不存在，它們是隨著十五世紀到十七世紀間巨大的社會、經濟、政治變化逐漸出現的，這些變化最終改變了全歐洲。

聽起來這似乎有點費解，因為人們理所當然地認為，人類歷史中一直存在著家庭和孩子，過去的人們似乎也總以我們現在所用的方式，構建和體驗家庭關係。但事實上，個人主義意識刺激、推動了現代西方文化，公共領域和私人領域的鮮明區分也對現代家庭至關重要，這些都是在相當晚的歷史時期才出現的概念。

在人類歷史早期，婚姻服務於繁衍，服務於生命、財產和血統傳承。如今，我們將童年看作人生珍貴無比的階段，但過去的童年時期相當於今天的幼兒時期，嬰兒的高死亡率使人們難以認真對待弱小的幼童，這種態度會一直持續至兒童成功活到某個具備生存能力的年齡，如漫長的斷奶期結束後的七歲左右。

直到幼童長在這個年齡之前，他們通常都被趕出家門（為了哺乳），尚未被視為社會的一部分。我們經常對古羅馬帝國時，殘忍殺害不想要的新生兒的做法感到恐懼。但這些做法與中世紀文化對新生兒的冷漠其實有共同的根源：只有在嬰兒存活數年後，才會成為一個人。

隨著嬰兒死亡率顯著降低，人們發現，童年時期是一段非常有意義且值得關注的人生階段，此時情感依戀才開始在兒童的人生中扮演核心作用。在這之前，正如歷史學家菲利普·阿里耶斯（Philippe Ariès）所言：「那時人們整體的感受是……個體生育複數孩子的原因，正是因為其中僅有少數幾個得以存活。人們覺得孩子的生命很容易消逝，因此不允許自己過分依戀。那些小小的生命不夠可靠，可能會隨時消失。」現在，這些小生命開始變得可靠了，也對當代情感生活的結構產生了深遠影響。

在人類歷史中，浪漫激情一直作為一種可能性存在。我們能在古代文學中找到有關愛情的故事，但這些愛情往往都是「特殊情形」、是傳說、是發生在王子和公主身上的。對於或多或少過著普通生活的平民百姓人來說，浪漫是一種期待，伴隨著現代家庭的出現而逐漸浮現，也伴隨著某些「兒童」概念的創造過程出現——孩子是特殊的，而且自己的孩子又是所有兒童中最特殊的。因此，在親子之愛中找到對應浪漫愛情中居於核心地位的「唯一性」並非偶然。

佛洛伊德借助對伊底帕斯故事的解釋，把這種親子之愛歸因於兒童受本能驅動的心理。但後來許多佛洛伊德學派精神分析師指出，古希臘詩人索福克里斯（Sophocles）的故事並不始於伊底帕斯成為情人和兇手，而是始於那個被父母謀殺般拋棄了的嬰兒。

當代理論家也開始用早期家庭浪漫關係的變遷，來理解成人愛情關係中的病理因素。心理治療領域的核心內容之一，也是每一對來訪者及治療師面臨的基本挑戰，是探索「成年時期的愛與激情」和「童年時期與父母關係中的愛與激情」間的複雜關係。

精神分析師每天都會遇到父母對孩子的愛帶來的後遺症，或許是過多的捲入和刺激、入侵界線、對不成熟自我的壓抑；或許是過少的捲入、拋棄和缺失自我成長必須獲得的關注；或者是以上兩種狀態的交替出現。

過度和不足的刺激，都會導致在生活中出現嚴重困難。臨床工作者經常會看到這些問題，也很容易追本溯源，將問題歸因為個體的發展過程，所以傾向於想像出一種只會促進成人之愛，並且不會遺留問題給孩子的健康親子之愛。**但也許現實是，在兒童時期的愛終究會存在一些過度刺激的區域和刺激不足的區域**，在某些方向上太過，另一些方向上不及。也許，剛剛好只存在於童話故事中。

浪漫的衰敗與重生

在十七世紀晚期和十八世紀早期，啟蒙運動已經達到了巔峰，而浪漫主義也作為西方理性主義的替代選項逐漸發展起來。根據以撒·

伯林的觀點，啟蒙運動的世界觀，根基於下述三條原理：所有的真實問題都會有正確的答案；所有的正確答案都可以被發現，並被教授給他人；所有的答案，在原理上都是相容的，或者可以像拼圖遊戲一樣，組合成一個和諧的整體。

然而，浪漫主義根基於一套正好對立的信念體系：事物不存在結構；我們依照自己的意願來塑造事物；事物的存在，只是我們塑造活動的結果。這種對立的認識論基礎，帶來了一系列與浪漫主義關聯的不同特徵及重點：**感受**、**激情**、**理想形象**、**創造力和想像力**。

我們可以用廣泛的筆觸，來描繪過去數百年中理性主義和浪漫主義間辯證的搖擺關係。例如文學評論家布魯姆便推斷，英國浪漫主義詩歌的內在轉向，源自信念的幻滅，即透過理性來重新構建外部世界秩序。

他認為，第一代英國浪漫主義詩歌的創作背景，是法國大革命中狂暴的慾望和隨之而來的幻滅。布萊克和華茲渥斯使用不同但相似的方式，將他們對人類的希望，轉化為對個人的希望，這個處於人類核心位置的形象透過革新自我，試圖在社會和政治運動已然失敗這一前提下重新出發。

因此，布萊克和華茲渥斯的詩歌追隨了偉大的先驅米爾頓（Milton），從米爾頓的主要作品也能看到，人們對英格蘭萬物皆新的渴望，轉向了對內心「樂園」（Paradise）的追求。

浪漫主義詩人原來認為，這是一個具有共識性現實的傳統世界，渴望做出實踐性的政治變革，並在幻滅後轉向幻想世界，即**從感知轉向想像**。這是空想家從失敗的現實撤退到幻想中？抑或是遠見卓識者正在尋求更根本的現實？是浪漫主義提供了一種從理性理解的真實世界，逃離到不真實、虛幻世界的管道？抑或是浪漫主義開啟了進入更深刻體驗的大門，也就是體驗更真實底層支柱的機會？

部分浪漫主義思想家認為，他們已經穿越了詩人布萊克所說的「感知之門」。這個概念最開始被作家赫胥黎（Aldous Huxley）所借用，後來還在一九六〇年代，被搖滾樂隊「門戶合唱團」（The Doors）使用在作品中。

在傳統精神分析用語中，佛洛伊德帶著他對啟蒙運動的虔誠信仰，把空想的、幻想驅動的想像，描述為一種從次級過程向初級過程、從理性評估至過度評估的降級。佛洛伊德和傳統精神分析思想中的這種理性主義傾向，反映了十九世紀最後數十年中浪漫主義敏銳情感的崩塌。

在那時，令人瞠目的技術成就催生了人們對科學的狂熱，淹沒了浪漫主義的敏銳情感。人們原本相信科學本身會產生智慧，但隨著這種信心逐漸減弱，我們目睹了浪漫主義情感的部分回歸，並展現在存在主義、後現代主義，和後結構主義等運動，以及所有這些運動的衍生發展中。貫穿所有這些運動的共同主要信念即是：儘管理性和客觀，對達成目的而言是好的、良善的，**但它們或許不是我們參與世界的唯一途徑，甚至不是最佳途徑**。

這種思想，也和另一個問題有著特別的關聯：**是什麼讓另一個活生生的人，成為我們所愛戀、產生慾望的對象？**

慾望，從來都是種想像？

想像力，是慾望的輔助。正是理想化的過程，讓某個人變得「為人所欲求」，這是一種想像力活動，突出了那些讓人變得唯一、特殊、與眾不同的特徵。如同前文中，凱西仍然能夠察覺自己對丈夫反應的那種激動感，這種激動就需要選擇性。

哲學、流行文化和民間心理學的傳統認識論都假定，純粹客觀地呈現現實、他人和自我是可能的。對某個人來說，要成為慾望的對象，就需要一種富含想像的轉變過程；在這個轉變過程中，感知過程被幻想的幻象點綴，從而創造出一種更甜蜜的產物。在這種理解中，客觀的基線由感知過程所提供，而**感知過程是對事物真實面目的被動呈現，理想化則是如甜味劑一般的存在**。

這種傳統觀點中的許多概念支柱，正緩慢但穩定地受到侵蝕。心理學家已經發現，**感知本身不是一個被動過程，而是一個主動過程**。我們需要學會將感覺到的離散點，組合成對自己有意義的圖像。許多認識論學者都已經把客觀主義本身看作一種不可能的理想觀念，一種對不可能達到的認識論的根本性安全渴望。

許多科學哲學家發現，科學史並不是依照漸進、遞增的途徑來抵達真理的，而是透過一系列不連續的典範來解釋和探索不同類型的問題。精神分析師漸漸不再把幻想看作一種幻覺式的、為了實現願望而產生，但會污染客觀感知過程的幻象，而是視作一種溝通工具。外在世界透過此溝通工具，以一種私人的、充滿活力的方式進入每個人的生命。

傳統心理學和精神分析中，對幻想和想像本質及其功能的核心理解，一直圍繞「現實檢驗」這個概念。在普遍的觀點中，我們對周圍世界，包括對他人的感知，既受事物真實存在方式影響，也受我們對事物存在方式的想像性闡述影響，還受我們希望事物如何存在的幻想影響。

想像和幻想，是認知過程的潛在污染物，它們可能會模糊我們對事物真實情況的感知過程。它們既可以在自己的領域裡無憂無慮地存在，也可以被清晰地定義為幻象，但是我們也需要對這些幻象的標籤保持清醒。

天上的沙堡，不是宜居的所在

如今，理論家已經開始挑戰這種在對事物真實情況的感知過程，和受幻想驅動的想像過程間的精巧區分。人們現在認為，或許只有首先確定那是一座令人喜愛的沙堡，然後才能看看它是否是令人滿意、適宜棲息的居所。

充滿遠見的美國精神分析師漢斯．洛瓦爾德（Hans Loewald），曾針對現實檢驗提出令人震驚的定義：**現實檢驗遠遠不只是一種智識或認知功能**。或許我們可以把它更加全面地理解為，基於經驗對幻想的檢驗（變成現實的潛力和適宜程度）和基於經驗對現狀的檢驗（把現狀包含和滲透進個人幻想生活的潛力），我們處理的是如此複雜、交互的任務。

檢驗現實不是為了消除那些不符實際的幼稚幻想，而是為了詳盡探究，從而找到可以安置和培育幻想的位置。對於洛瓦爾德來說，為了適應生活而參加的許多活動，在通常所認定為「現實」的理性客觀視角下是有用的。但是，客觀現實也像一筆需要穩定支付的費用，它成了讓更加完整的體驗喪失活力的陰影，**只有當現狀透過幻想被賦予生命、變得更加鮮活時，趨於完整的體驗才有可能實現**。

佛洛伊德認為，幻想與現實對立且遮蔽了現實，然而後來大多數佛洛伊德學派的精神分析家都認為，幻想豐富和增強了現實。對事物、他人和自己的某些感知傾向，會讓人出於某種實用目的看待其所感知的物件。在對事物、他人和自己的其他傾向中，感知物件變成了慾望物件，個體會透過不同的方式建構它們，比如突出不同的特徵、探索不同的面向，以及如洛瓦爾德所說的，**為了與自身的幻想和渴望保持一致而去詳細探究**。

哲學家伊萊恩·斯凱瑞（Elaine Scarry）在關於美的體驗中探討

了這些議題。斯凱瑞指出，事物經常在它的慣常背景外，開啟無限的可能性，我們也將在那裡領悟到它的美好：「感知者將被引領到對這個世界更廣闊的關注之中。」

哲學家斯圖亞特．漢普夏（Stuart Hampshire）闡述斯凱瑞的理論時則說道：「存在兩方面不可避免的對比：一方面針對那些客觀上美麗的人和美好事物的想像領域，這些想像領域是單獨存在，並於腦中被框定的；另一方面是針對人物和事物的混亂領域，我們因其實用價值和與其他事物的連結而做出評價。」

斯凱瑞認為，**美的體驗必然意味著對普通現實的超越**。我們傾向於假定現實是真實且客觀的，這使得超越性成為由幻想所驅動的幻象，並會把普通日常的他人轉變為欲求的物件。但是，如果現實不再穿著客觀的外衣，並可以被理解為一種對某些目的有用，但對另一些目的無用的心理建構，那麼它在創造慾望物件過程中的超越性，就不再是對事物真實樣子的污染或掩蓋，而是一種替代性的心理建構，是一扇通往事物真實形象的窗戶。

如果我們以這種方式來理解對事物、他人和自身的體驗，那麼結果並不會像某些人所恐懼的那樣，不可避免地淪為相對主義（relativism）或者唯我主義（solipsism），不是一切萬物都具有同等的現實有效性，同時也具有同等的無意義。結果往往是對事物、他人、自身更加複雜的理解，它在帶來眾多面向和模糊性的同時，也始終、必然且部分地透過想像活動變得鮮活。

情緒、激情和慾望必然會以某種方式進入並塑造體驗，客觀性也是一種特殊的激情，一種對幻滅的渴望，正如大多數強迫症患者最終會發現的，客觀性不過是種「最後的幻象」。

你怎麼認識自己，就怎麼認識他人

古希臘哲學家蘇格拉底（Socrates）曾勸誡人們「認識你自己」，此後兩千五百年以來，對自我知識的追求一直是西方哲學和心理學的指導方向。但是「認識自己」是什麼意思呢？

對蘇格拉底和柏拉圖來說，自我認識必然意味著培養一種高度純淨的理性，這種理性不會被感官的輸入損壞。隨著宗教熱情進入西方人的意識，自我認識必然意味著，在自我體驗中把宗教神學的部分從世俗部分篩選出來。

在這些主流思想中，自我之愛總是危險的。自我之愛使人遠離並遮蔽了個人對真正重要事物的體驗，也就是對現實本質的理性思考，或對身外事物的欣賞。

佛洛伊德繼承了這個傳統，同時也贊成過度的自我關注是非常危險的。如前所述，佛洛伊德引用慣常使用的古希臘文本，把自我之愛稱為自戀。他認為，過度的自戀會導致類似精神分裂症的全面自我專注，即便自戀少一些，也會導致最惡性的人格病理，即「自戀型人格障礙」。精神分析師無法幫助的來訪者，經常被貼上這個標籤，並被評判為「無法被分析的人」。

即使在光譜上更加健康的一端，自戀也與幼稚症，也就是透過更加微妙的方式出現的一種退行要素有關，這種心理不成熟的程度，可以在系統中依據理性和對自我中心的克服來衡量。

從經典佛洛伊德學派的精神分析到當代精神分析，這些問題的觀點已然發生了根本性的轉變。自體心理學（self psychology）的創始人海因茨・寇哈特（Heinz Kohut）引進了「健康自戀」的概念，這個術語在形式上是一種矛盾修飾法，但是它指代的，是作為心理健康必要成分的一種強健的自我關注意識。

寇哈特認為，個體對自我的認真對待，需要某種經調整的、孩子氣的自我誇大，一種不受批評和異議阻礙、同時又不畏懼自我縮減的自我擴張。**健康的自我體驗需要某種階段性的自我理想化、一種自我的浪漫化，這是活力和創造力的源泉**。

佛洛伊德認為科學家是健康的典型，他們已經學會了調節和升華幼時的性經驗和攻擊經驗，管束其中的能量，並使之服務於理性和科學探索。儘管佛洛伊德也熱愛藝術和文學，但他總是對藝術家持懷疑態度，因為他們的體驗似乎更接近兒童的幻想生活——或許是因為他們乍看之下，總是處於十分開心的狀態。

對當代許多分析師來說，心理健康的典型不是科學家，而是藝術家，這是精神分析情感基調發生轉變的標誌性特徵。持續客觀地看待現實，被認為是既不可能，也沒有價值的，與之相對的則是在現實的不同視角間切換並發展的能力。在對外在現實的研究中，「自我分化式的自我專注」這個理想典範，也已被自我表達和自我探索取代，**「認識你自己」的勸誡已轉變為「表達你自己」、「探索你自己」**。

認識某個事物到底意味著什麼？從佛洛伊德時代到我們的時代，這個議題的轉變在某種意義上與科學本身的變化平行。物理學家維爾納・海森堡（Werner Heisenberg）提出了「不確定原理」，其核心含義是：人無法同時確定和描述一個電子的速度和位置。要學習外部世界的某個事物，就需要與外部世界互動，然而這種互動會影響和改變我們正在學習的事物。

這種觀點也肯定適用於關於自我的知識，不論是自身的自我還是他人的自我。我們從他人身上發現的內容，相當程度上取決於我們是誰，以及我們如何接近他人；**我們對自己的了解，很大程度上取決於我們如何對待自己，以及為了達成什麼目的**。

在這個觀點中，對自我的知識變成了什麼？對自我重要性方面感到疑惑是否健康？我在宇宙處於什麼位置？對別人有什麼意義？健康的狀態，是**維持多種自我評價的能力，且出於不同的目的給出不同的評價**。

從這個觀點出發，如果一個人無法認識自身缺點，那麼他與別人的有意義交流就會遇到障礙。與此同時，對自身缺點的過度憂慮和無法浪漫化自我，也會變成個體的心理防禦，阻礙其為自身潛力興奮，也阻礙其以健康積極的方式與他人交往。

認識自己是一件很複雜的事，因為對某個版本自我的認識，將會發展為個體的心理防禦，阻止自己認識其他版本的自我。因此，在當代精神分析的術語裡，與其將認識自己描述為需要達成的目標，不如說是某種需要持續沉浸其中的過程。

我們對自我構建現實方式的理解發生了根本性的轉變，這種轉變嚴重影響人們對此問題的理解：當人們說「我們認識另一個人」時，到底意味著什麼？我們可以透過許多不同方式認識另一個人，可以是出於各種實用的目的，也可以是作為一種美的物件，後者更需要突出日常生活沒有強調的面向。

我們沒有充分理由假定他人比自身的衝突更少、複雜性更少、受背景影響也更少；我們也沒有充分理由假定，相比於把他人當作慾望的投射對象（超越的、理想化的心理建構），自己對他人的日常心理建構或多或少是更加真實的。**堅信能夠以可靠、可預測、確定的方式真正認識對方，是一種危險的幻象**。

然而，仍有一個充分的理由，讓我們相信自己能用一種可預測的方式真正認識他人，即我們依賴和渴望他人的程度之深，有時甚至令人恐懼。於是，我們長久以來都傾向用一種更加穩定、更加有助於理解的方式來建構他人，把他人建構成一個個普通又有缺陷的人，而非非凡而完美的人。

對伴侶的日常反應，可能會隨著時間推移而變得具有適應性，它把激情保持在最低限度，因而也把失望和憤怒都保持在最低限度。但是決定它是否更切合現實的因素非常複雜。有時這建立在一種選擇性壓制之上，壓制了最初引發激情的那些特徵。再一次強調，**理想化似乎對一些事情是好事，而對另一些事情則否**。

理想除了會破滅，還會傷了誰？

以下這段關於性慾倒錯者[2]施虐／受虐體驗的描述，來源於一篇精神分析文獻，我們可以思考一下這種觀點：

2 編按：性慾倒錯者（sexual pervert），指傾向對非典型對象、情境、幻想、行為等產生持續且強烈性興奮的族群。

在施虐／受虐者已然分裂或解離的世界中，去操縱部分客體卻又不會失去對方的幻想逐漸顯現出來，這時他（這個施虐／受虐者）處於一種被改變的意識狀態中，這個意識狀態的特徵包含極度的性興奮、快速縮減的反思性自我覺察，以及「行為屬於自己，並處於自願控制之下」的感覺。

當處於這種意識狀態中時，個體感覺自己好像被催眠，或處於情慾迷霧之中，事物呈現出某種既真實又像幻覺的特徵，使它們看起來比現實本身更加引人注目。在此所謂的「情慾迷霧」起到了否認的作用，用於否認現實與幻想的不一致。

我必須承認，儘管我認為自己的人際關係並不特別有施虐／受虐傾向，這種情慾迷霧在我聽起來還挺不錯的。極度的性興奮感、縮減的反思性自我覺察、意志控制減少，但仍是超級真實的感覺——算我一份！這些不正是處在愛戀、迷戀狂喜中之人的重要特徵嗎？

當然，所引述段落的作者關注這些體驗，是因為它們並非發生在一段相互愛戀的關係中，而是在一段性慾倒錯的關係中，其中狂喜是被精心策劃和控制的。在相互愛戀的關係中，狂喜是自發發生的。問題在於，現實和這種可能帶來狂喜的幻想間沒有任何橋梁。

理想化的幻想會產生狂喜的激情，日常化的現實和理想化的幻想之間卻缺乏一致性。這種一致性的缺失，是否意味著前者更加真實，而後者則是反常又危險的幻象，不利於穩固長期關係？或者，有時我們是否能把理想化視為展現另一人隱藏在日常互動中，就像戴上面具一樣不易被察覺的鮮活特徵？

我們看待理想化的激情，是否就像浪漫主義者看待虛構的想像，如同斯凱瑞對美的欣賞一般？能否將它們看作一種超越日常生活實用主義的行動，使我們能觸碰到某些更加真實、更親近、更缺乏掌控的事物？

如果我們把日常現實看作客觀的基準和樸實無華的真理，那麼理想化的想像就是一部幻象機器。但如果，我們把日常現實看作對世界、他人和自身的心理建構——這對達成諸多目的而言必不可少，但只是諸多可能心理建構中的一種——那麼理想化的想像可能會在有些時候引出或回應到世界、他人或自身的某些面向，這些面向也是非常真實的，但通常會被其他憂慮所遮蔽。

長期關係必然是實用主義的，尤其是那些要建立家庭、養育兒女、共擔家務和房產的長期關係——**如果要想持久，就必須為之努力**。在這些關係中，伴侶雙方的脆弱和缺陷往往都很突出：你所做的、能做的越少，我所必須做的就越多、所能依賴於你的就越少。我們熱切地渴望安全、穩定和可預測性，而這也是理所當然的。尤其是在困難情境中，我們的情緒能否鎮靜便取決於此。

但是理想化會動搖，會把事物從常見的優先事項和視角中拉扯出來。就其本質而言，理想化的想像是不安全的，因而我們傾向於管理和隔離這些理想化想像，從而嘗試控制它可能帶來的傷害。

這種樸實無華的實用主義取向，並不必然比理想化的描述更加真實，這種觀點並不意味所有的理想化都同等令人信服，也不意味想像所編造出的所有事物，都是對浪漫激情有用的基礎。

就像所有觀點均認為的那樣，**理想化具有高度的選擇特徵，但對心靈的感受來說，某些理想化比其他理想化更加真實**。至關重要的一點是：理想化的原始素材是否至少部分存在於對方身上，只是因想像被突出且詳細闡述了？或純粹是幻想生活的一種虛構，把對方當成了某種用來投射個人需要，進而剝削和利用的機會？

一是因為愛人的美貌、智慧或善良而崇拜他或她（儘管不總是可靠的），一是因為愛人特殊的能力而崇拜他或她，隨著時間的推移，前者很可能比後者更加經久不衰。因此，在愛情中區分出理想對象和虛假的理想對象，可能會大有幫助。

在浪漫關係中，理想化歷久不衰的程度，還取決於這種敘事在多大程度上會發展成雙方共同構建與合作的活動。當所選擇的理想化特徵，與所愛之人理想化自己時所熱衷的方式一致，個人的理想化便會更加豐富。通常，相互理想化會延展為兩人的理念共識，即「我們只為彼此而生」。

從某種意義上說，這種帶著深情的觀點反映了某些真實情況。因為在一段重要關係中，隨著時間推移，參與雙方都基於親密互動的背景，不斷塑造自身，某種程度上也是為了彼此創造。但是，如果**太認真看待這些完全和諧同步的幻想，把它們看作穩定的預期，而非短暫和階段性的連結，那麼這些幻想將可能會產生巨大的破壞性**。

對安全的渴望和對激情的渴求，會把我們拉向相反的方向。正如佛洛伊德曾經指出，所有的理想化興奮，都會把戀人置於危險的狀態中。這種興奮也許並不是相互的，愛戀也許會沒有回應。和一個沒有充分了解的人在一起，在交往之初就已經相當糟糕了，更不用說還要處於未來的風險之中。

但是如果你遇到某個能夠依賴、能夠獲得安全和可預測性的人，同時又陷入對這個人強烈又充滿激情的理想化狀態，那也相當危險。因為這個人非常了解你，甚至了解你所有的缺點和瑕疵。

從這個角度來看，「浪漫會隨著時間推移逐漸衰退」的常見體驗，**與其說是因現實和熟悉帶來的理想化削弱，不如說是因允許自己陷入短暫而激情的理想化狀態所增加的風險**，尤其是在那些人們賴以獲得安全感和可預測性的關係中。

對他人的強烈興奮感是危險的，因而通常當我們處於一段沒法花太多時間相處，或未來不會再與之聯繫的關係中時，臣服於這種興奮感會更加安全。持續渴望從某個重要他人那裡獲得某種重要的東西，是情感生活的核心危險，「渴望擁有的人」如此危險的原因，在於你有可能會失去對方。於是，渴望某個未知的、不可得到的人便會發展成個體的心理防禦，這種心理防禦會阻礙我們去渴望某個熟悉的、已然獲得，也因而能夠失去的人。

在親密關係中，理想化並不必然會消散，但是新的視角會增加。當然，**某些視角不可避免會令我們失望，這並不是說浪漫必然會隨著時間推移而消退，但是浪漫確實會變得更有風險**。有時愛戀被描述為對另一個人的瘋狂著迷、對某個自己能真正賴以獲得各種安全需求的人的著迷，不論這些需要是真實的還是虛幻的。

正像凱西一樣，許多夫妻在關係早期曾感受過對彼此的欣賞和興奮，但後來他們開始抑制這些感受。他們告訴自己，現在更加了解對方了，那些曾經理想化的特徵並不是對方的全部，對方也是令人失望的，因此激情不可能保持在穩定狀態。

兩人把自己對對方的了解當作一種心理防禦，阻礙自己臣服於對對方的理想化。**也許真正虛幻的，是他們所尋求的保證**，他們想用這些保證來防禦失望和反覆的孤獨感。過度的依賴和短暫的失望，不可避免地使理想化視角及其喚起的興奮感更加危險，因為那並不是事情的全貌。透過冷靜、有選擇性地抓住弱點，阻止並監控自身對浪漫想像的臣服，興奮感也能相應被控制。

每個人都以不同的方式尋求刺激，而刺激是有風險的，所以**我們傾向於控制和預測風險，就像讓雲霄飛車牢牢鎖在軌道上那樣**。有些人在轉瞬即逝或完全可控的關係中尋求著廉價的刺激——對明星日益強烈的迷戀、美化、曝光和摧毀明星的舉動，似乎就滿足了人們對理想化的渴望，以及對理想化後果的恐懼。

結婚多年來，卡爾（Carl）與妻子的關係變得相當疏離、對彼此缺乏興味。卡爾是一位相當有名望的藝術家，一直全身心地投入工作之中，代價則是他的婚姻。卡爾覺得自己仍然愛著妻子，但不知如何才能重新點燃初相識時的激情。

在治療中，卡爾開始探索夫妻最開始在一起時的記憶，那時的日子是多麼令人興奮、充滿激情。每當說起彼此的浪漫故事，想到妻子曾是（也依舊是）一位多麼卓越的女性，卡爾眼裡總是噙滿了淚水。

儘管卡爾能夠和我訴說他對妻子帶著強烈情感的記憶，以及祕密而持久的愛慕，但他覺得自己無法把這些告訴她。對他來說，向妻子傾訴自己一直以來的欣賞之情，就像是刻意的迎合。

對著妻子一訴衷情，像他過去所做的那樣，彷彿是將自己置於「請求某樣東西」的境地，甚至可以說像在乞求。允許自己熱切地渴望妻子，就像在表現自己的怯懦。他覺得自己堅強、可靠的表現曾贏得了妻子的愛，如果向妻子表達欣賞或渴求，就得放棄這些主張。

卡爾這種反浪漫主義的世界觀，有著漫長的家族背景。他的父親曾是一名海軍陸戰隊的高級軍官，職業生涯卻提前終結了——卡爾父親認為，自己的晉升應該由戰場上的成就論定，而非在國防部辦公室中完成行政任務、參與社會活動等義務。他認為，自己不應去「討好迎合」上司。

因此對卡爾來說，慾望已經變成乞求和羞辱的同義詞，欣賞變成了自降身分的迎合，唯一值得擁有的愛戀，僅能透過善意行為獲得。對卡爾來說，這種反情慾式世界觀的負面影響變得越來越嚴重。

激情幻想的真實用處

激情，會逐漸從現實和幻想的緊張關係中形成。人們幻想自己在現實中所感受到的、所擁有的東西，或相信自己會擁有的東西。如果這些幻想是危險的，那麼幻想自己不會擁有的東西將會更加安全。

對某個不可能物件的性幻想為何如此引人注目？不僅因為它們代表探索禁忌和危險的機會、在安全場所中幻想禁忌和危險的機會，這種幻想遠比真實關係更加安全。**它讓人們得以在完全控制下體驗危險，就像坐雲霄飛車時體驗的那種墜落感，是一種安全的刺激。**

在小說《怕飛》（*Fear of Flying*）中，作者艾麗卡・瓊（Erica Jong）出色地捕捉到了激情想像中的全能感，她描繪了「無拉鍊式性幻想」：不僅僅是性行為，還是一種柏拉圖式的理想愛情。當夫婦在一起時，拉鍊像玫瑰花瓣一樣落下，內衣像蒲公英絨毛一樣一吹即落。雙方自由自在，沒有誰強迫誰，或者誰讓誰受委屈。

瓊解釋說，若想讓這種無拉鍊式性幻想永保激情，最重要的是「永遠不要太了解對方」。簡短交流很好，匿名更好，完全不說話最好：

無拉鍊式性幻想是絕對純潔的，既沒有額外動機，也沒有權力的遊戲。男性不是在索取，女性不是在給予。沒有誰在試圖出軌或羞辱另一方，也沒有誰在試圖證明什麼，或者從別人身上得到什麼。

無拉鍊式性幻想是所有存在中最純粹的，甚至比傳說中的獨角獸更加稀有。但我從來沒有經歷過這種幻想，每次離它更近一點，我都會發現，原來那只是一匹戴著假角的馬，或者穿著獨角獸裝扮的小丑。

真實的關係總是糾纏著額外的動機，是一種權力的遊戲。但是這並不意味著激情幻想會像想像中的獨角獸一樣無用，這些激情幻想究竟在豐富還是在削弱我們的體驗，取決於它們與現實的關係定位。

它們是否鼓勵人們快速篩選或詳細描繪伴侶的美貌？是否會培育人們的幻象，讓人覺得世界上還存在其他的潛在伴侶，而且這些伴侶皆全然美好、從不令人失望？

理想化無時無刻不在動搖我們：它改變了我們的價值觀、優先事項和人生目的，破壞了我們面對現實的實用主義傾向，而大多數時候，生活又需要這種傾向。「墜入」某樣東西可不是一種能夠長久存活的生活方式，所以我們告訴自己要**從「墜入愛河」轉變為「身處愛河」，或者轉變為更加冷靜的「喜歡」**。這代表著幻想的消散，代表著腳踏實地。

透過把理想化降級為虛無飄渺的幻象以試著腳踏實地，似乎令我們更加明智，對事物的認識更加清楚。然而，我們一直追求的實地，是否比喚起激情的理想化更加真實？答案並不清楚。更確切地說，**它們只是出於不同目的的選擇**。

第4章

愛得太深，會生恨

「生活在憤怒中，是為了忘記自己曾經的軟弱，是相信別人所說的軟弱，是種可以展示和消除的偽造及佯裝。生活在憤怒中，就如同對曾經發生瘟疫的屋子展開消毒式的大掃除。」

——美國作家，瑪麗．戈登（Mary Gordon）

我們總是傾向把浪漫看作是在表達最美好的自我，會表達最溫柔、最甜蜜、最充滿愛意的情感。因此，當浪漫之愛轉變成它的對立面——仇恨時，人們往往會十分震驚。

浪漫會造就陌生的同盟，且並不總像其他那些令人感到高尚而鼓舞的感受，比如奉獻或愛慕。這些同盟往往表達了最糟的自我，表達了人類體驗中的黑暗面向：羨慕、嫉妒、仇恨和深深的惡意。**我們被教導，對待愛情最有效的方式是成熟起來，將浪漫的迷戀，轉變為某種不那麼強烈但更穩定的狀態**。

但是，從墜入愛河到身處穩定愛戀的過程並不簡單，稍有閃失就會讓潛在的愛人迅速陷入極端憎恨的感受和行動中。有時，浪漫激情會轉化為強烈的仇恨和復仇的渴望，最極端的形式甚至會激發真實的犯罪。

但是，激情仇恨會以諸多更加微妙的形式出現，針對愛戀對象的其他罪行便是日常生活中重大的一環：情感疏離、挑釁式的測試、控制策略、報復。對大多數人來說，極致的激情犯罪往往只發生在心智中，但心智正是重中之重。

在大眾所熟知的愛情智慧中，一個反覆出現的主題即是「浪漫之所以脆弱，是因為人類天生富有攻擊性」，愛情會不可避免地被仇恨浸染。人們自然而然地認為攻擊和仇恨有害於愛情，會對此保持警惕，試圖保護愛情。

然而，在真正發生可怕的激烈爭論後，許多情侶會體驗到一種深深的慰藉。已經耐受過短暫攻擊的愛情，便會誕生一種無法透過其他方式獲得的深度和韌性。因為愛情本身就伴隨著巨大的風險，仇恨則是無法避免的伴生物。

同時矛盾的是，**浪漫能否存續並不取決於人們避免攻擊的技巧，而是在愛的同時容納攻擊的能力**。我們將會看到，對潛在慾望對象的憎惡，將如何成為浪漫激情發展過程中的障礙。

由愛生恨的他，暗自報復自己

傑克（Jack）是一名四十多歲的企業高階主管，就職於外祖父創建的家族企業。他的父親在五十多歲時突然去世，在此之前也一直在這家公司任職，但職位比傑克現在更低一些。母親則是外祖父最寵愛的孩子，在家庭和公司中都是大家長般的存在，經常把家庭和公司事務混淆在一起。

一直以來，傑克和女性的關係形式都如同不斷更替的單一制配偶。他們在關係之初通常會體驗到強烈的浪漫與興奮，但這些感受不久後就消失了，而原本親密的關係通常會轉變成誠摯的友誼。

按照最傳統的標準來看，傑克是非常成功的。然而，他很難認真對待自己，這也是他尋求精神分析治療的原因。他認為自己是一個裝成男人的男孩，覺得自己置身於母親強勢的控制之下，過著一種特權式的、美妙的、相當輕鬆的生活。

然而，儘管工作要求很高，也得承擔相當大的責任，傑克仍對自己擁有的力量甚至行動力毫無感受。他覺得自己男孩子氣的一個核心特徵，是他所偏愛的性活動：在公共場合偷偷自慰。

慢慢地，精神分析的探究揭示，在除自慰外的每一個活動中，傑克都覺得自己受控於他人、執行他人的吩咐、接受他人的指導、達到他人的標準。在他的生活中，這種感覺無處不在，唯一能讓他感到真正想做的事就是自慰，這是他剩下唯一能為自我帶來愉悅的行為，是純粹的自我肯定。

雖然與別人做愛對他也有吸引力，但更多的是不得不應對他人，讓渡自己獨有的快樂和自我主張的壓力。多年來，傑克逐漸改進了自慰的方式，好似培育出某種審美品味或者表演似的。他一直生活在心理鬥爭中，不知道到底應該花多少時間享受這些快樂。他做過諸多承諾，也因此感到自己始終無法去做他真的想做的事，為此深受折磨。

然而，當真正投入去做偏愛的活動時，他又感到一種持續增長的愧疚和自我背叛。他感到自己始終在浪費時間、沒有男子氣概，總是沉溺於明顯只有青少年才會做的事。這種強烈又無法解決的心理衝突，和他覺得自己是個裝成男人的男孩有很大關係，**傑克從沒能在心理上作為一個真正的男性，並置身於其他男性之中**。

隨著對傑克的體驗結構更深入地探究後，我們有了一些驚人的發現。多年來，他逐漸培養出一套典型自慰模式：坐在自己的車裡，將車停在小鎮中心的某條街上，把一件運動外套搭在膝蓋上，然後不斷刺激自己。他構建這段體驗的方式就像在「打獵」，試圖在視野中捕捉某位特別迷人、性感的女性路人的行為，讓他感覺到強烈的冒險感。傑克會一直讓自己處於喚起的狀態，直到某個合適的女性出現，然後刺激自己達到高潮。

這個行為的關鍵，在於在街上找到足夠熱鬧的地點來吸引合適的「獵物」，但是把自己置身於如此熱鬧的區域也相當危險，因為他隨時都可能被發現。這種自我暴露，是刺激的重要組成部分，一旦聯想到自己如此近距離地暴露於不認識的受害者面前，他就會感到絕佳的快感。

伴隨著這種行為，傑克感到一種強大的、憤怒的、「當著你的面」的蔑視。但他也害怕真的被發現，並知道自己可能會被逮捕，想像這將會如何摧毀他的家庭和生活。

在這種精心構建的體驗中，存在另一種精巧的張力，也就是公共與私密、慾望與控制之間的張力。有人也許已經想到，幻想是傑克冒險的一個重要特徵，他利用心靈的私密性，想像自己有著強大的性支配權力，並利用它來達到目的。但對傑克來說，不存在幻想中的那些事情也非常重要——沒有裸體，甚至沒有性行為。關鍵在於幻想中沒有任何活動，只有發現獵物時的純粹反應。

傑克會對出現在街上的女性視覺形象做出反應，而且如果對方對他有充分的吸引力，能喚起足夠的興奮，他就能允許自己達到高潮，有時甚至經歷了多個小時的準備和積累。

在達到高潮的那一刻，他發現自己脫口而出的並不是感激的讚美，而是鄙夷的貶低。傑克構建了寬闊的心理空間，用以保護這個祕密的領域，讓他可以只為自己而活，免於敬重女性——也就是他生活中非常需要的一環。

然而，**他精心建構的、孤獨的、蔑視女性的性活動，卻映照出了無所不在的消極感和對女性的屈從**，這正是他生活中的典型特徵。在祕密的蔑視中，棲居著他對女性更進一步的臣服——他既捕獲了她們，又屈從於她們，同時伴隨著深層的、深刻的、充滿仇恨的憤怒。他在性活動中的激情，對女性虔誠的視覺跟蹤和臣服，都和這種憤怒環環相扣。

在傑克的祕密生活，也是他個人浪漫的核心中，存在著三種強烈的體驗：慾望、依賴和憤怒。這三種感受組成的三角關係點燃了傑克的激情，但彼此間的關係是什麼呢？傑克對慾望對象的攻擊和憎恨，是自然的還是病理性的？這種攻擊是最原始的元素，就像我們認為愛意和慾望是最原始的元素那樣，還是遭受剝奪和失敗的後果？其中的依賴從何而來？傑克在與女性關係中的被動式渴望，是慾望的自然維度還是幼稚化的表現？被動被照顧的渴望、相互依存與親密的欲望，似乎分別存在浪漫關係早期階段和晚期階段發展的不同維度，兩者之間又有什麼關係呢？

這些問題都不簡單。許多世紀以來，哲學家和心理學家一直在努力用各種方法回答這些問題。

鷹派／鴿派：攻擊慾是先天俱來，還是後天產生？

講述人類歷史的方式有許多種，可以肯定的是，對過往的所有記載都必然包含著血腥暴力、相互對抗。人類似乎一直以來總是殘忍地對待彼此，從精妙的心理權力遊戲到酷刑和殘殺，就像光譜一般。

若問及攻擊、暴怒和憎恨從何而來，我們的文化存在兩種基本的理論傾向，佛洛伊德也接連被這兩種傾向吸引。我們可以把這些理論的支持者，分別稱為鷹派和鴿派。

鷹派認為，人類天生就是暴力的，從根本上說就是掠奪者，對同類有著深沉的憎惡。這個立場有著許多版本的闡述，其中在英國政治哲學界中最具影響力，且最為能言善辯的代表人物，是湯瑪斯·霍布斯（Thomas Hobbes）。

霍布斯認為，如果任由人類按照自己的意志行動，我們不久後便會互相殘殺。自然秩序是一種混亂的、個體對個體的戰爭。因此，我們需要法律來保護自己免於他人的傷害，這樣才能追求自己的快樂。

在心理學領域，奧地利動物行為學家康拉德・勞倫茲（Konrad Lorenz）提出了鷹派立場下最有力量的表述之一。勞倫茲認為，在人類演化的漫長過程中，我們已成為具有領地意識與好鬥天性的動物。**攻擊作為一種適應環境的基本需求逐漸出現，它是一種類似飢餓、永不止息的力量**，並服務於特定的生存需要：分割領地，確保最強者的性優勢，並為建立領導等級制度打下基礎。

攻擊慾需要被滿足，如果沒有發洩攻擊的途徑，好戰性格就會從性格的邊緣區域流露出來。如果沒有戰爭要打，我們就需要透過競技類運動等良性管道轉移攻擊慾望。如果沒有明顯的敵人，人們也會創造戰鬥的機會。

與之相反，**鴿派認為人類天生就是愛社交的、有愛心的**。攻擊不會從內部油然而生，而是來自外部的污染。這個立場也存在許多版本的闡述。

歐洲大陸的政治哲學家，提出了與霍布斯、約翰・洛克（John Locke）等英國學者相反的重要觀點，即認為**人類作為個體時是不完整的，需要組成共同體才能完整實現自身**。例如盧梭（Jean Jacques Rousseau）便認為，自然狀態是一種和諧狀態，因為每個人看到同胞受苦時，都有一種天生的反感。

根據鴿派的觀點，人類歷史上的暴力都產生於剝奪、腐敗，以及對天然社會性與合作性的干擾。因此，盧梭把人類暴力的根源，定位於稀缺性和私有財產所帶來的影響：「戰爭是物與物之間的關係，而不是人與人之間的關係，也就是說，戰爭的狀態不可能僅產生於人際關係，還源自財產關係。」

在心理學理論中，美國行為主義學派的「挫折／攻擊」假說全面地發展了這種立場的觀點：攻擊逐漸出現於人類應對挫折的經驗中，它沒有獨立的動機來源。當更多有愛的、良性的活動受到阻礙時，它就會出現。

鷹派和鴿派共同飛行，似乎也彼此需要。例如，在精神分析領域中，佛洛伊德最初青睞鴿派的視角，但最終採納了「攻擊驅力與生俱來」的觀點，後者賦予了傳統精神分析明顯的鷹派風格。

然而，在佛洛伊德成為鷹派人物後，鴿派的立場仍然出現在各種新佛洛伊德學派或後佛洛伊德學派中。一些精神分析師認為，人類不是由攻擊驅力所驅動的，人類尋求依戀、人際親密或者自我的凝聚力，且只有在這些更加基本的動機受到阻礙時，才會變得具有攻擊性。

不僅哲學家和臨床精神分析師在努力參與這場爭論，每個人都以自己的方式參與其中。當今，一個人的核心特徵之一，就是逐漸認識個人天性。一般來說，別人通常是什麼樣的？我又是什麼樣的？個體如何理解和體驗邪惡、殘忍的根源，體驗那些更加黑暗的激情？這都是個人自我塑造過程中的關鍵元素。

在尋找自己對攻擊起源的立場時，我正在構建看待自身個體體驗的框架，建立個人歷史的版本，塑造內在生活的類目和基調。我問了自己以下問題：愛與恨之間是什麼關係？從根本來說，人們在追求什麼？我在追求什麼？當我的關係出現問題，當愛轉變成恨時，該如何是好？在人生歷史事件中，我把自己定位在何方？我如何理解自己的動機，解釋自己的殘忍和背叛？當浪漫變成了憂鬱，我會如何敘述發生的故事？

在鷹派的眼中，攻擊是權力慾望和支配慾望下的必然表現。戰爭和暴力都無法避免，只有透過紀律和法律秩序才能維護社會穩定。在個人層面，人們要審慎地看待親密關係。愛情是一種短暫的插曲，更加根本的是審慎對待彼此，如果夠幸運的話，愛情很快就會被責任感和尊重取代。當然，事情往往會出些意外，當更加真實的天性逐漸出現時，關係也相應破裂。

在鴿派的眼中，攻擊是對挫折和剝奪的反應。戰爭、惡毒的民族主義和社會暴力是過往創傷、貧窮和絕望的結果，只有透過合作、資源再分配和平等才能獲得社會穩定。在個人層面上，人們樂觀看待親密和愛情，認為愛情既容易建立，也方便維持。當被迫偏離真實天性，沒有充分投入愛或被愛時，關係就會破裂。

我用精簡而直接的術語把這些立場簡單勾勒出來，不過它們鮮少以這麼極端的形式出現。在個人和人際事務方面，大多數人都會在這兩種視角間擺動變換，這也會因各自不同的生活經驗而變化。這種擺動的原因之一，是鷹派和鴿派的觀點都有令人信服的部分，卻又不能完全令人滿意。

鷹派觀點具有說服力的部分原因，是攻擊、憎恨和暴怒似乎都有著生物學方面的堅實基礎和原理。它們既產生特定的身體狀態，同時也被這些身體狀態表達，有著強烈的情緒濃度和極高的反應強度。

當憤怒時，我們的身體會發生變化：脈搏加速、激素激增、身體力量似乎進一步增強。透過競爭和報復，攻擊無疑成為許多人類體驗的強大動機。鷹派的言論告訴我們，**我們是動物，只有接受自己原始黑暗的面向才能生存**，而這些黑暗面向，則會永恆不息地把我們推向暴力。

然而對許多人來說，鷹派視角有些過於負面了。毫無疑問，人類是動物，但很難想像存在另一種像人類一樣暴力的動物。在人類大多數經驗中，攻擊似乎確實不像「攻擊本能」所說的那樣隨機出現、永不止息。攻擊不是一種由身心內部持續產生的壓力，不以和飢餓一樣的方式存在，並且顯然是更加暫時性和情境性的。

考察人類的近親倭黑猩猩的社會關係，雖然我們無法知曉它們彼此攻擊的內在原因，但顯然它們沒有被攻擊慾望驅使。相對來說，倭黑猩猩生活在一個非暴力、平等主義，和以女性為中心的社會中，這也許能提供許多參考。在倭黑猩猩的文化中，大多數暴力都存在一些誘發因素，比如威脅、創傷、侮辱，以及某些讓牠們感到危險的東西。這些因素可能是真實的，也可能是想像的。

想想這個時代種種最持久的暴力，包括波士尼亞的穆斯林和塞爾維亞人、北愛爾蘭的天主教徒和新教徒、以色列人和巴勒斯坦人、盧安達的胡圖族人和圖西族人之間。你會發現，人類最嚴重的攻擊從不是隨機爆發的，而是創傷、危害及報復這一迴圈模式的一部分，並隨之導致了更多的創傷、危害和報復。因此，把攻擊看作對威脅的回應，也使鴿派觀點同樣令人信服。

不過，鴿派觀點通常伴隨著一種天真的多愁善感，它似乎認為如果人們能對別人更加友善、更加富有同理心、更加體貼，攻擊和憎恨就可以避免。鴿派告訴我們，**只要更加努力，就不會墜入暴力之中，因為暴力違背了我們真實的本性**。

人類的「被害妄想症」

在哲學和學術、個人和人際層面，圍繞人類攻擊性爭論的焦點一直是「攻擊慾是否是天生的」：攻擊是一種原始的、自主產生的驅力，還是一種針對威脅的反應？近年來，我開始覺得這個問題並不是最有意思的部分。如果把焦點從攻擊本身移開，轉至危害人類事務運作的方式上，那麼我們就能走得更遠。

讓我們先把鴿派看作一個合理的出發點，也就是無論在當下還是在過去，無論是在個人層面，還是個體強烈認同的群體層面，如國家或家庭，攻擊都是對生存威脅的一種反應。

我們傾向於從生理角度看待生存威脅，比如某個人在我們面前揮舞武器，我們可能會死去，所以要戰鬥。但是人類也許與其他動物不同，**人類形成了除了身體存在以外的自我，這種自我感也是有生命的**，在面對威脅和破壞時也十分脆弱。

我在什麼條件下還能感覺「我是我自己」？在什麼條件下會感到心理有毀滅性的恐懼？在什麼條件下會感到自己的自我價值感和使用價值感受到侮辱，進而損傷了自我感？

想想路怒症吧，這種事偶爾會發生，嚴重時會帶來人員傷亡。它的誘發因素幾乎從不是真實的身體傷害，而是感覺他人缺乏尊重。暴怒的司機感到被輕蔑對待時，被威脅到的不是生存，而是尊嚴和自尊。

因此，主觀定義的自我完整性受到了威脅，會產生強烈的攻擊反應。事實上，「糾正過往屈辱」的意志激起了對報復的追求，而這通常又把人們推向對實際生存來說非常危險的境地。

鴿派觀點的問題在於，把攻擊降級為對威脅的反應，似乎在暗示攻擊僅僅是附帶的，增強安全就可以輕易消除它。但最有意思、最重要的問題是：**為什麼我們會如此容易，且如此深刻地感到被威脅？**

人類與其他動物間的區別，並不在於用來攻擊的身體或心理力量有多少，而在於激起攻擊的境況如此廣泛，感到威脅的條件如此普遍。這些威脅並不是針對物理生存的，而是對心理自我的保持。人類與其他動物間的區別，並不在於掠奪式攻擊的能力，而在於保持怨恨、培育冤屈、想像侮辱，以及將自我置於情緒脆弱情境的能力——就像浪漫愛情會讓人感覺自尊受到威脅。

一直以來，兒童心理學家和精神分析師，都把情緒脆弱的根源定位於童年時期。他們描述了許多不同形式的危害：螺旋式增加的生理需求、與依戀物件的分離、與照顧者在情感同頻上的中斷、父母的焦慮、母親的侵入（打破與嬰兒之間微妙的自我邊界）、規律頻繁地被打斷或干涉，以及更多尚未列舉的情況。

即使接受了最好的照顧，嬰兒也會不可避免地體驗到不適、無助和渴望。某個富有想像力的心理發展理論認為，嬰兒相信他們之所以受苦，是因為那看起來無所不能的照顧者想讓他們受苦。

也許這個理論有點牽強附會，但**「自己的痛苦源自別人」是一種反覆出現的特徵，不僅嬰兒會這樣認為，成人也會**。接受精神分析的來訪者通常認為，只要分析師願意，應能夠輕易地幫助到自己。遭受了一連串不順的受害者，通常會感覺自己被詛咒了一般，不禁詰問蒼天，想知道為什麼受苦的是自己。

對人類來說，生命是短暫的，但對許多生物來說，生命又是漫長的。生命本身的有限性讓人感到其殘酷，也正是這種框定生命的方式，讓我們擬人化出一個內在的主觀能動者，認為它會為我們遇到的麻煩負責，因為覺得受到糟糕的對待而對其憤怒。戀人或準戀人之間，傾向於把受傷感和被忽視感解釋為某種明確的信號，昭示了對方對自己的愛或關心不夠。

慾望與依賴，從來難分難解

想想傑克對女性的敵意，他因女性淩駕於自己的權力而憎恨她們。從某種意義上說，他的憎恨是可以理解的，就好比奴隸的憎恨以及徹底被主人剝削的感受。

傑克覺得自己不斷地背叛自己，讓自己受那些女性支配。這些女性能夠喚起他的慾望、控制著他的滿足或挫折。他想報復、想扭轉這種局面，想要挽回自己的尊嚴。但是，為什麼傑克把自己對女性的慾望，體驗為如此卑賤的依賴呢？這是愛情的扭曲，還是對激情某一個必要維度的誇大？答案是兩者皆有。

傑克與女性的關係，是以他與母親的關係為範本的，而他與母親的關係有著驚人的不平等：母親一直都很有權力，他則一直依賴於母親，既包括她分配給自己的物質資源，也包括情緒資源。

也許傑克童年的這種特殊狀況，阻礙了他把自己體驗為一個相對於女性的男性，只能把自己體驗為一個相對於母親的男孩。**他總是祈求般地渴望某個資源比他豐富的人，並渴望處於她的控制之下**。

或者說，傑克童年的特殊狀況，使他停留在自己作為男孩的體驗之中：他是最受喜愛的兒子，被給予了各種美好的事物。相對於把自己當成男性來建構和體驗這個世界——既要有自己的資源，也會面對自身的脆弱——作為孩子要有吸引力的多。

對傑克來說，性喚起被體驗為依賴，性慾望則變成了伴隨養育經歷而來的附帶品。**女性的回應帶來的不僅是性滿足和情緒滿足，還有一種被全面關懷的願景**。當然，這種徹底的關懷永遠不會到來，也不可能存在。傑克似乎在持續嘗試兌現他在很久以前得到的承諾，來自那個喚起他的慾望、奴役他，並用更多虛假承諾玩弄他的渴望的女性。

於是，傑克精心策劃了他的報復：在感情上拋棄那些和他有實際關係的女性；跟蹤他有慾望的女性，並讓自己處於她們控制之外，在她們一無所知的情況下「享受她們」；在向她們臣服的同時，詛咒她們的惡毒和奸詐。

浪漫激情一旦摻入了攻擊性就容易崩壞，這種攻擊反映出戀人可能為自己帶來的危害。慾望的對象具有巨大的力量，而戀人的脆弱程度與愛情的深度成正比。這點突出表現在慾望與依賴的相互融合中，也表現在傑克情感的構成中。這是愛情的扭曲嗎？還是人之常情，不過稍有誇張？慾望和依賴之間的關係是什麼？愛情必然是這麼危險的嗎？這些問題不可能有標準答案，因為**它們只取決於我們想讓愛情是什麼**。

浪漫愛情並不是某種純粹的自然現象，不像條件反射或築巢本能，而純粹的自然現象或多或少都具備跨文化通用的屬性。雖然愛情肯定依靠和運用了身體的生物過程，但又是一種複雜的心理建構，既基於特定歷史文化的心理建構，也基於特定個體的心理建構。在對愛情進行心理建構的方式中，特定文化價值居於中心，精神分析領域中愛情和心理健康理想典範的轉變，最為明顯地展現了這一點。

在一九五〇年代，美國精神分析的主導意識形態是佛洛伊德學派的自我心理學。這一傳統的核心價值，是發展出冷靜、理性、功能良好的成熟個體，適應和整合是關鍵。童年向成年的轉變，必然意味著一個漸進式的中和過程，這個過程一方面是幼兒期「性願望與性衝突」和「攻擊願望與攻擊衝突」的非理性幻想特徵，另一方面是穩定、一致和更加多樣的體驗假設。

童年時期強烈而單一的激情和涇渭分明的黑白認知，被成年的「灰色地帶」所取代。在那個時期，也許最重要的診斷式區分是「伊底帕斯期」的心理病理，和「前伊底帕斯期」心理病理。

前者在本質上和五、六歲時的性衝突有關，也就是說，孩子這時候有著朝向父母的性野心，和對受到懲罰的恐懼，幼兒期的性也在這個過程中逐漸發展達到頂峰。

後者在本質上和生命最初幾年中，更加早期、原始的依賴和基本信任問題有關。**傑克把愛情與依賴融合在了一起，這表明了他有前伊底帕斯期的問題**。對於真正處於伊底帕斯期的男性或女性來說，愛情並沒有那麼危險，因為比這更加早期的依賴議題，已經被或多或少地解決了。

然而，隨著時間推移，真正處於伊底帕斯期的男性和女性越來越少。隨著精神分析師越深入研究幼兒和其照顧者間最早期的依戀與關係，在每個人情感生活中發現的依賴議題就越多。在研究生培訓期間，我和朋友們滿是擔憂地討論過這個問題。大家在自己身上也發現了圍繞著依賴的衝突，並為此感到恐懼——課本上說，這都是前伊底帕斯期問題存在的證據。

從根本上說，當代不少精神分析理論家所認為的前伊底帕斯期與伊底帕斯期之間的區別，以及依賴與慾望之間的區別，都是漏洞百出的。如今，學者已鮮少把發展視為某種線性的階段序列，即一個成熟的自我版本代替了一個幼稚的自我版本，而是將發展看作新經驗的積累，僅是累加到先前經驗中，而不是代替它們。

前文中提到，哲學和精神分析理論在理解自我時的轉變。較為早期的觀點認為，健康的個體擁有單一而整合的自我，更現代的觀點則認為存在多重自我，在不同背景中，為了不同目的逐漸出現。與此同時，關於情緒的認識在病理學和健康領域也發生了密切的轉變。

一九五〇年代認為的心理健康理想典範中，各種情緒都可以被調節並被平穩地結合在一起。童年純粹的感受被成年的模糊性所取代，不成熟狀態的愛與恨，被成熟狀態中複雜與模糊的健康整合取代。

如今這個時代，人們更有興趣的心理健康理想典範中，**情緒是可以生動而強烈地被體驗的**，**有時以順次進行**，**而不是以整合的方式體驗**。因此，我們在前文中指出理想化的能力在豐富體驗過程中的重要性，這種視角和更加實用主義的視角是交替出現的，而非被平穩地整合在一起。

同樣地，在過去幾十年中，儘管人們可能一度把強烈的攻擊看作是退化的、不成熟的，但現在當攻擊和其他強烈的情緒狀態交織在一起時，人們更常把它看作健康情緒集合中的一部分，認為它有助於維持情緒生活的活力和生動性。

共同分享朝向同一群人的攻擊性，能夠成為彼此親密連結的重要特徵，比如老友聚會時，一起吐槽多年來一直討厭的共同敵人——此時最讓人沮喪的，莫過於聽到某個人說：「其實他們也沒那麼討厭。」

自我體驗的願景在這個過程中逐漸浮現，存在一種不斷互相轉換的，在感知與記憶、現實與幻想、現在與過去，愛與恨之間的共鳴。按照這種認知方式，成人體驗中的強烈慾望，也就是在浪漫愛情中被激發的慾望，總是以某種方式喚起了童年早期的某些渴望。激情的核心本質創造了對慾望物件的依賴，而根植於成人慾望中的脆弱，則不可避免地會與其成長中對他人的依賴歷史產生共鳴。

在卡森・麥卡勒斯（Carson McCullers）令人回味無窮的短篇小說《傷心咖啡館之歌》（*The Ballad of the Sad Café*）中，作者捕捉到了浪漫愛情中對過去的渴望與現在的渴望、童年的渴望與成年的渴望間的相互滲透：

> 愛情是兩個人的共同體驗，但這並不意味著，他們捲入的體驗是相似的。通常，對於一方來說，另一方只是一種刺激，刺激自己長久以來儲藏的所有愛意，這些愛意一直深埋心中。不知何故，每個人都知道這一點。每個人都會在靈魂深處感到自己的愛是孤獨的，這是一種新的、陌生的孤獨，這種認識讓人十分痛苦。

傑克的問題，不在於他的慾望被依賴污染了，正如麥卡勒斯指出的，依賴是情慾渴望的核心本質，而是源自他對這個世界被動的、依賴的傾向，這種傾向使其慾望中固有的依賴太過危險，以至於無法在真實的關係中體驗。

慾望、依賴和攻擊

我們在第2章中思考了以下問題：為什麼性在人們生活中，扮演著如此核心且強大的角色？其中一個共識是，性的普遍和強大，源自它在根源上是一種人類本能。如果性是駐紮於內在的一片原始、未經雕琢的天性，那麼這種觀點就說得通了：**性是普遍的**、**強大的**、**富有攻擊性的**。

在許多流行的心理建構中，天性本就是冷酷無情的，所以性當然也是冷酷無情的，是不考慮對方和後果、缺乏良知、對純粹快樂的一種追求。但**如果性是一種潛在能力，而不是本能力量呢？**會不會生殖器的神經末梢密度，帶來的並不必然是內在的原動力，而是一種獨特快樂的可能性，而且這種歡愉還能透過另一個人的參與而增強？

性慾最重要的特徵之一是，它使我們對他人渴求無比；而透過理想化的引導，浪漫激情最主要的特徵，也許是使我們將自己置於需要某個特定他人的位置。對於人類而言，不僅成年人的慾望可能會喚起更早期的童年依賴（即伊底帕斯期不可能完全擺脫前伊底帕斯期），浪漫激情也會大大增加自身風險，把我們放置在一個真實的，而非幻想中的依賴慾望對象位置上，這一點仍然無法避免。

我們也許會把色情行業，看作人對慾望的反應及其結果，人類在尋求、表達、滿足性慾的過程中衡量其程度的手段。但它的作用不僅僅是滿足性慾望，還包括產生性喚起。一旦過了賀爾蒙飆漲的青少年時期，性喚起通常不會輕易出現，往往需要花時間醞釀。

在某種程度上，這些興奮都是受外界刺激產生的，這些刺激來自周圍的世界。但同時，它也是某種自我刺激，當人們觀看有性誘導作用的雜誌、電影或電視節目時（無論是明顯的還是隱含的），也就在尋求著被激發、被喚起的機會。色情在性喚起的自我刺激中扮演著重要的角色，人們偏好用人為設計來控制慾望，而非任由其自發產生。

千萬不要低估人為設計的價值。假使我對你有慾望，而你又是一個真實的人；如果我渴望的不僅僅是性接觸，還有浪漫的回應，那麼我也許就有大麻煩了。事實上，這是必然的。**一旦想從對方那裡得到些什麼，就會產生依賴**，會受制於對方對自己的感受，進而自然而然地想要控制自己的命運。

我想要的是你愛我，是在我需要時，你恰好也發現我吸引著你、讓你興奮。但我再怎麼渴求都沒有用，因為如果我強迫、欺騙，或操縱你使你愛我，那麼這份愛也就沒有任何意義了。

色情產業的運作遵循著「如果這樣，會怎樣？」的原則，提供了模擬情境下的各種刺激組合。這是一種無風險的慾望，就像甕中捉鱉一樣不可能失手。這個「如果這樣，會怎樣？」的原則，在其他場域中也能發揮作用，比如在大眾娛樂生活不可或缺的明星文化。我們徜徉在浪漫愛情電影和影集中，彷彿在最高等級的安全保護下恣意乘風破浪。

其中，有些人知道自己正在尋找替代式的浪漫刺激，想穿上像女主角一樣的衣著，擁有同樣的包包、運動鞋和沙發。還有一些人責難所有挑動慾望的行為，甚至把一生都投入對其的搜尋和譴責中。他們同樣都在尋求性喚起，只不過用了一種更隱祕的形式。

為什麼我們需要這種控制和自我保護？因為當處於自發慾望帶來的掙扎時，我們會感到自己缺乏保護、非常脆弱。**依賴不是童年延續下來的殘留，它是對另一個真實人類慾望的基本成分**。依賴是脆弱的，讓我們感到危險。這不只是幻想，陷入慾望中的同時，我們也處於危險之中。

這種情況會讓我們容易憤怒，我們想要控制，想擁有傷害他人的力量，也許還想用這些力量消除擾亂了我們平靜心緒的人，消除那些逐漸削弱我們自我意識和自我價值的人。攻擊是對威脅的反應，隨著時間推移而持續存在的慾望，會產生一種持續、綿延不絕的威脅。

在有史以來最偉大的愛情故事之一，《安娜·卡列尼娜》（*Anna Karenina*）中，作者托爾斯泰告訴我們，安娜和沃倫斯基（Vronsky）之間的調情，是一種有著強烈攻擊色彩的性互動方式，這些攻擊鼓舞了他們的慾望，同時也預示了安娜最終的死亡：

> 這是幾乎整整一年來，他生活中唯一的願望，取代了先前所有的願望。對安娜來說，這已然是個不可能實現的噩夢，同時卻也成為更加令人迷戀的、幸福的夢——這個願望已然得到了滿足。他臉色蒼

白，下頜顫抖，站在她身邊，哀求她冷靜下來。他不知道自己該怎麼做，也不知道為什麼要這樣做……她望著他，並感覺到自己身體的逐漸僵硬，一個字都說不出口。

當他看著這具被自己親手剝奪生命的身體，他產生了殺人犯才會有的感受。這具身體就是他們的愛情——最初階段的愛情。回想自己為這糟糕的羞恥感所支付的代價，他有一種可怕的、憎惡的感受。他羞恥於她精神上的赤裸，這種羞恥感也碾壓著她，並將羞恥本身傳遞回去。然而，儘管殺人犯在受害者的屍體前懷著巨大的恐懼，他仍得將對方的身體分割、藏起，這是他所犯罪行的惡果。

沃倫斯基之所以有謀殺安娜的慾望，部分原因在於，她是一位重要人物無可挑剔的妻子。對於沃倫斯基性冒險主義的意識形態來說，她的名望象徵著一種挑戰，是相比其他物件有趣得多的獵物。但是，這部小說的宏大和力量在於托爾斯泰觸及了某種更加普遍的東西。《安娜・卡列尼娜》講述了兩個愛情故事，一個是悲劇，一個則有著較美好的結局。除了上文中的那對愛侶，列文（Levin）和吉媞（Kitty）的愛情雖然幸福，也並非一帆風順。

安娜對沃倫斯基的迷戀幾乎摧毀了她，她也把對沃倫斯基的憤怒，轉變成兇殘的自我厭惡。而吉媞最初的拒絕也讓列文退縮不前、悶悶不樂，為此憂鬱沉思，直到多年後才恢復過來。托爾斯泰似乎在暗示，愛情是一件危險的事，慾望使人陷入危險，而針對這種危險的攻擊性反應，更會摧毀慾望的對象和個體本身。

二戰後的美國文化也把穩定看得高於一切，這反映在精神分析中「整合」和「適應」等理想觀念上，也反映在「緘默的婚姻」這一流行形象上。電視上，整潔的雙人床伴隨著夫妻的相敬如賓，愛情故事從不涉及劇烈的、長期的鬥爭。

當代流行文化或精神分析的理想觀念，都已變得更加強調活力、創造性和真實性，而不是安全和穩定。這為浪漫的重新建構奠定了基礎，讓它被看作一種可行的成人體驗，不再是青春期式的退行。

然而，**若要以允許風險和脆弱的方式來建構浪漫激情，人們就必須接受依賴和攻擊**。這使得建立在安全、共謀、虛幻的可預見性等理想觀念上的長期關係，成為不適於激情培育的貧瘠土壤——我們需要空間，讓攻擊慾得以呼吸。

愛的能力，就是容納攻擊的能力

一直以來，部分學者家認為攻擊和施虐，在性慾望中起著重要的作用，因為所有人都渴望糾正孩童時期遭受的羞辱，這些羞辱都與我們早年的渴望有關。在這種觀點中，強烈的慾望總是與復仇的渴望融合在一起。就像沃倫斯基那樣，每個人都想打倒自己的安娜，殺死她那喚起自身渴望的力量。

激情的慾望更有可能在新關係中出現，因為存在著誘人卻又陌生的他人。這種觀點還認為，長期關係中也許會發展出真正的關愛，進而抑制攻擊，使得浪漫的情慾特徵變得不再可能。但我認為事實恰好相反——長久的愛充滿了攻擊性。問題並不在於實質的攻擊，而在於攻擊的存在帶來了強烈的危險感。

與陌生人間的匿名關係，是否為各種攻擊的產生提供了更加肥沃的土壤，因而增強了慾望？我認為並非如此。**在與陌生人的關係中產生的短暫攻擊幻想，相比對共同生活且深愛著的人，懷有的強烈殺人幻想根本算不了什麼**。攻擊的有效程度和危險程度，與我們對目標的了解成正比。

我的幾個來訪者在感受與攻擊的連結，和表達攻擊的能力方面有些障礙，他們透過對計程車司機大吼（通常有正當理由），而在克服自己對攻擊的抑制方面取得了長足進步。他們的親密關係中當然也不乏憤怒和憎恨，但是乘坐計程車是有時間限制的，以及可以選擇隨時下車，進而使計程車成為更加安全的、實驗這些令人畏懼感受的場所。如果攻擊是激情的關鍵成分，那麼長期關係中絕對會有大量攻擊的存在。

正是與他人的差異性，定義了自身全能感的極限，並創造出脆弱感和經常伴隨慾望而來的無助感，讓浪漫的渴望總在屈辱的邊緣遊走，也讓慾望的對象非常容易被轉變為報復的對象。**我們對對方的渴望是他的原罪，就如同他令人渴望的特徵，同時也是折磨人的刑具。**

攻擊是慾望的弱點，也是浪漫之所以脆弱的原因之一。維持浪漫需要容忍脆弱感和攻擊，激情越深，脆弱之處就越不穩固，攻擊的潛在破壞力也越大。因此，**容納攻擊的能力，是愛的能力的前提**，而維持浪漫的激情，也需要這種精妙的平衡。

浪漫愛情中存在許多不同的、管理愛恨交匯的策略。基本的原則，是透過減少或消除投射慾望的對方，來同時表達和控制攻擊。在過去，《伊索寓言》（*Aesop's Fables*）中就把這種常見的解決方法，定義為「酸葡萄心理」：自己真正的需求無法得到滿足，為了解除內心的挫折感，人們編造一些理由自我安慰。

也許某個地方確實存在著甜葡萄，但為了防範失望，自我保護需要持續提醒自己，不要期望能得到任何甜頭。因此，**詆毀對方是為了維持平衡，而對長期伴侶的一貫蔑視，往往是維持穩定的必要條件**。

在某些案例中，興奮和渴望被保存為記憶，深藏心中。人們總是相當懷念愛情最開始的時光，那時關係剛剛萌芽，愛還是安全的。但如今，天真已一去不復返，它被背叛了。還有案例展示了曾經的愛情承諾是多麼虛假，就像第3章談到的凱西和卡爾一樣，興奮總是像一股潛在的危險徘徊不去。

對戀愛早期的興奮記憶保持警惕至關重要，它會持續提醒著我們慾望的危險性，餵養著傷害和怨恨。人類的情感生活是強烈、多樣、衝突的。

為了應對情感生活中這種濃烈特徵，潛意識最常見的策略之一，就是在眾多親密關係中分割不同的感受。例如在家庭成員中，往往有著一個特別敏感的人、一個強硬的人、一個易怒的人等等。當然，每個人都有各式各樣的情緒，但是人人也都會依靠其他人，來承受和表達自己意識體驗中那些難以容納的感受。

在夫妻關係中，雙方通常會透過這種分割和反轉來維持安全、調適攻擊。這種分割和反轉，通常還會順延傳統性別角色路線：假裝自我滿足的男性宣稱，不是他需要妻子，也不是他想要依賴她，而是妻子極度需要他；如果沒有她，他可以活得很自在；她卑微地需要他，而他十分堅強且自我滿足，他們兩者有著天壤之別；他和她在一起只是出於同情。只要一方扮演「有需要又依賴」的追求者角色，這種情形就會一直穩定下去。

但令人驚訝的是，當追求者最終放棄時，**這個一貫輕蔑他人、自我滿足的被追求者總會恐慌無比，並且突然極度需要對方**。這明顯說明了，構成浪漫激情的慾望、依賴和攻擊三者已經被分裂，伴侶其中一方只會感受和展現渴望與依賴，另一方則只會感受和展現攻擊式的輕蔑。

隨著時間推移，在夫妻關係風險管理中，性功能障礙通常扮演著重要的角色。不要對對方過度興奮似乎至關重要，而減弱的興奮感，同時起了自我保護和報復的作用。這種減弱的興奮感似乎在表達：我曾經對你很感興趣，但是現在已不是那麼一回事。

隨著時間推移，愛人共謀式地安排、精心編制每日的慣常程序，從而破壞對彼此的期望。他們往往會透過這樣的努力假裝自己更加安全，即使時常也會更加悲傷，彼此都覺得對方過於熟悉，可以預測對方的一言一行，因而也覺得對方不那麼吸引人了。兩人都用一種人為的、完全可預測的方式來對待對方，而降低期望這件事，也會逐漸掏空激情——沒有風險就沒有收穫。

激情的憎恨，源自對自己的羞辱和威脅。因為浪漫會產生希望、渴望和依賴，而個體又會因為希望、渴望和依賴冒著受羞辱的風險，這讓愛情必然是危險的。

攻擊是愛情的陰影，是浪漫激情不可分割的伴生物，也是其必不可少的組成部分。

浪漫的降級，並不是因為愛情被攻擊所污染，而是因為無法維持它們之間必要的緊張關係。由於攻擊的有效性與一個人對目標的了解程度成正比，所以在長期戀愛關係中的攻擊性，遠比陌生人之間的關係更加危險。隨著時間推移，**愛的能力必然意味著容忍和修復憎恨的能力**。

第5章

愧疚和自憐，讓我們學會負責

「我們在逃亡。我們認為幸福是個地域、階級或者膚色問題，或者幸福藏在一堆金錢中。我們希望前往幸福所在的地方。藍調音樂伴隨逃亡之路，它困擾著我們，提醒著我們，就像藏在最喜愛的鞋子裡的小石子，或者像皮膚下一根又長又尖的小刺，我們本可以識別出它，卻又否認了它的存在。我們成了鏡中的逃亡者，而藍調音樂始終會告訴我們這點。」

——美國詩人、音樂人，史丹利・克勞奇（Stanley Crouch）

人生故事，可以用種種不同的方式講述，也可以出於相異的目的。**有時，人們講述自己的故事是為了引發聽者具體的感受**：愛慕、興奮、性喚起、理解或者悲憫。**有時，人們講述自己的故事是為了引發聽者行動**，為了鼓舞他們：幫助、反對、合作或者服從。當然，每個人都有許多故事可以說，每個人的一生，都充滿各種各樣的體驗。

對大多數人來說，向別人或自己講述那些關於自己的故事，是為了維持「我是誰」的感受。在這些故事中，對浪漫生活的敘述是居於中心地位又反覆出現的。為了避免浪漫敘事降級為「從此幸福快樂」的童話故事，它必然會包括痛苦、傷害和喪失。

你受過的傷，決定你是誰

這也許正是為什麼曲調憂鬱的藍調音樂，會成為一種流行的音樂類型。也許沒有什麼方法，比編製傷痕紀錄更好確定一個人的身分認同，這些傷痕是過往傷害的殘留和提醒，象徵著一個人的獨特性。在日常的生活中如此，在浪漫愛情中也一樣。

以上觀點，荷馬可說再清楚不過，《奧德賽》之所以能讓當代讀者倍感新鮮，並且覺得與自己息息相關，部分原因在於它在身分認同主題上的豐富反思，即什麼讓一個人成為他自己？誰是奧德修斯？這位特洛伊戰爭的英雄在每次嶄新冒險中，都面對著一系列不同的環境，並因此被設定成為一個有著不同品格面向的角色。

就像在面對獨眼巨人時，奧德修斯透過隱瞞身分救了自己一命。他告訴巨人：「我是『沒有人』。」於是，巨人在被弄瞎後，於劇痛中尖叫：「『沒有人』弄瞎了我！」在行經另一座島時，奧德修斯依靠雅典娜的幫助，維持了自己的身分認同，從而阻止了巫女喀耳刻（Circe）把自己變成穀倉裡的動物——就像她對他的船員做的那樣。

後來，他終於抵達了伊薩卡（Ithaca），隱藏好自己的身分，做好了報復妻子潘妮洛碧追求者們的準備。

偽裝大師奧德修斯把自己裝扮一名乞丐，但多年前養育過他的僕人還是認出了他，在潘妮洛碧讓僕人們為乞丐洗澡時，僕人認出了奧德修斯腿上的傷疤。荷馬藉此告訴我們，**無論是他人還是自己，都能從傷痕及生活造成的傷害中認出自身**。

精神分析過程的典型特徵，也許是對這些傷痕，以及生活所造成傷害的暴露與思量。接受分析者向分析師表達：「看看我身上發生過什麼！」有時是以敘事的形式，有時是通過不經意、間接的揭露，就像奧德修斯的傷疤，還有時是是透過分析過程的再現（reenactment），即接受分析者和分析師，在不知不覺中重演了舊時那些痛苦的劇情。

隨著過往和現在傷害所帶來的傷痕展現，「為什麼」這個問題永遠不會消失。接受分析者需要下定決心去理解過往、解釋現在，以及指導未來的自己。而為什麼的答案，傾向於墜落至兩種相反的極端：「這些傷害是被強加到我身上的，這不是我的錯」，以及「都是因為我，才讓自己或他人受傷」。

由此，人生故事便圍繞著自憐／愧疚這一坐標橫軸分類展開。

在一個人對自己愛情命運的敘事中，自憐以受到傷害的形式出現，「他／她傷害了我」經常成為核心主題。自憐以這樣的方式，組織過往和當前關係中的故事，認為自己過去在愛情中受到了背叛或者拋棄，更在當前關係中帶著永恆的失望感和被拋棄感。

在其他的敘事中，愧疚意味著背叛，不是被別人背叛，而是被自己背叛。此時，「我是個傻瓜」便成了核心主題。愧疚以這樣的方式組織過往和當前關係，表示過往對方的不忠或缺乏奉獻讓自己失去了真愛，使自身帶著一種「我永遠配不上或值得一份愛」的感受生活，即使這份愛觸手可及，也沒有能力獲取。

某位來訪者在精神分析中的一段簡短插曲，向我展現了個人故事如何以令人驚訝的方式復甦，以及自憐／愧疚坐標橫軸在理解故事中的核心地位。

要嘛是完美英雄，要嘛是全然失敗

四十多歲的艾德（Ed），富有魅力、才華橫溢。他的父母都是移民，而他是兩人的獨生子。艾德父母是猶太人大屠殺事件的倖存者，其餘大多數的家族成員，都在那場浩劫中失去了性命。

父母長期承受著憂鬱症和愧疚帶來的痛苦，把艾德看作他們來到新世界後全部的希望，也視為隨之而來的失望，失望於自己深深的痛苦和喪失感，永遠不能得到彌補。

在青春期和成年早期，為了從父母身邊獨立，艾德經歷了激烈的鬥爭，並為自己建構了一套豐富且充實的生活方式。然而，他時常忍受著憂鬱和暴怒的痛苦，親密關係也被童年殘留下的愧疚緊纏不放。

長期以來，他一直擔心精神分析會成為另一個使他窒息的陷阱，但彼時在生活方面的一些成功給了他勇氣面對童年陰影的惡魔，並開始接受精神分析治療。下文的情況發生在我們已經分析了大約一年，並完成許多重要的工作之後。

艾德是我那天早晨的第一位來訪者。某次他需要緊急預約牙醫，於是問我是否可以提前半小時開始對談。我習慣早起，所以這個變動並沒有給我帶來太大的不便。那時是冬天，天氣晴朗而寒冷，我按照以往的習慣在辦公室附近轉角的咖啡廳買了咖啡，有點心不在焉地朝前走著，對抗著從哈德遜河吹來的冷風。

直到看見艾德站在我工作室門前，我才立刻意識到自己忘了約定的時間——**我以為自己早到了五分鐘，事實上卻遲到了二十五分鐘！**

他和我打招呼：「你真是個恪守慣例的人。」

「真抱歉，」我說：「我竟然完全忘了這回事。」

於是艾德坐到沙發上，一言不發。我問自己，忘記改期這件事，是否和我對艾德的感受有關？是否和我們關係中需要處理的議題有關？重新安排時間確實會帶來一些不便，但可以忽略不計。我最後斷定，真正的問題在於我沒有把改期的時間寫進預約簿——我幾乎從未在預約簿上寫過什麼，也一直能夠記住自己需要做的事。隨著年齡的增長，我的記憶力變得不那麼可靠了，也越來越常忘記這類事情。

然而，我的自戀似乎阻止了我去使用預約簿，甚至把預約簿當作記憶的拐杖。這似乎和艾德及他的經歷毫無關係，所以我停下對自己遺忘的反思。有時，艾德會在治療開始時花一些時間評估自己的情緒，這通常非常有用。這一天，我意識到我們剩下的時間非常少，談談剛才發生的事相當重要。要不然，我接下來將有好幾天見不到他，中間還會隔上一個週末。

於是我開口：「剛剛那段時間，對你來說一定非常難熬。」

艾德說，**當他意識到我一定是忘了這事時，他感覺棒極了**。我們經常談到他將我理想化的需要——他需要把我看作在各方面都相當理想的一個人，這樣一來，在我的指導下他也會變得完美。

艾德確實是個認真接受分析的人，他那陣子經歷了一些艱難的日子，覺得自己一無可取之處。因此，在這節治療的前十到十五分鐘，他被迫獨自等在門外時，感到了巨大的解脫——我把諮詢搞砸了！而如果我不完美，他也可以不完美，並且不用覺得自己很糟糕。不過，這天工作室外相當寒冷。

他繼續說道：「當我覺得屁股都快被凍掉時，我才開始生氣。」

我回應：「我把事情搞砸了，這點挺好的，但如果沒有搞砸得這麼徹底就更好了。」

艾德在既解脫又憤怒的感受中待了一會兒，然後就把注意力轉到自己典型的自我責難模式上。**他表示自己因為我的過失而解脫，顯得他是多麼的氣量狹小**，為什麼艾德對我一直有著這種自我毀滅式的理想化呢？

我開始產生一股既安心又不安的感受——我的過失正在被他輕輕放下。我發現自己開始回應這樣的話：「你對我忘記諮詢時間一事的寬慰和憤怒，對我來說都很重要。這兩種感受似乎把我們帶到不同類型的關係中，透過退回到你的自我責難、責難自己對我的理想化，我感覺你正在輕柔地放下我的過失，並把我們倆都重新塞回那個更加熟悉、更加舒服的角色中。」當我說這句話時，我有點驚訝自己選擇了「塞」這個有些古怪的動詞。然後我聯想起艾德曾經講過的一個童年故事。

艾德小時候，經常花大量時間做關於第二次世界大戰的白日夢，有時晚上也做這樣的夢。夢中會反覆出現這樣的場景：父母和其他親戚正困於險境，而艾德英雄般地成功實施了救援行動，救出了他們，也救出了自己。

睡前，他也喜歡玩一個遊戲，把自己用被單和毯子裹住、密封起來。艾德會靜靜讓自己漸漸窒息，直到最後一秒才掀開被子、大口喘氣。這個故事讓我感到很辛酸，也意識到它與我的描述有關，艾德把我們兩個都「塞」回到慣常角色中：我被假定為一個理想的典範，他則被假定為一個有缺陷、感到愧疚、有責任心的人。

艾德回應了他對「輕輕放下」的看法，我也分享了我對窒息遊戲的聯想。並注意到，他要嘛把他自己或者我看作英雄典範，要嘛就是徹底的失敗者，除此之外別無他法。我們接著談到他的家庭是如何從絕望和苦惱的角度來定義關懷，並從犧牲和高度緊張的角度來定義善良。

我指出，他的父母充滿激情地被捲入理想化中，讓他成為他們想要的兒子，但很少真正了解他是什麼樣的人。我的心中浮現出一種可能：遺忘也許是我的逃避方式，逃避成為那個完美到令人窒息，卻又不得不去擔當的角色。

艾德把那個可以在英雄典範和徹底失敗者間做出選擇的世界，描述為「無人之境」，也很難長時間停留在這樣的地方。後來，艾德不得不去看牙醫了，這節被縮短的治療也就這樣結束。

幾節治療後，我給了他治療費的帳單，艾德開始談起他對治療費用的憤怒。由於我不太清楚該如何處理那節縮水的治療，那僅僅是慣常時間的三分之一左右，我便收了三分之一的費用。艾德對我的決定非常生氣，他認為考量到我忘了諮詢，還讓他在工作室外被「凍掉了屁股」，我根本就不應該向他收費。

他還認為，我的做法令人感覺氣量狹小，非常不慷慨，似乎也反映出我沒為自己的錯誤承擔責任。難道我覺得讓他等那麼久一事不重要嗎？他曾經認為我有責任心、關懷心、親切、慷慨，還有各式各樣的理想品質。但現在我正變得令人厭煩，也確實令人失望。

我們花了相當多時間來探索艾德的反應，同時我也默默在腦海裡四處梭巡，想弄清楚自己對他的激烈攻擊是什麼感受。起初，我覺得自己思考的進展緩慢。我當然覺得自己不尋常的遲到行為很糟糕，而且不免除這三分之一的治療費用，確實顯得我氣量狹小。我記得自己曾考慮過不收費，隨後又否定了這個想法，但也沒想清楚理由。

我覺得我欠他一個說法，於是開始解釋為什麼我決定收取那節部分的治療費用。當開口時，我不能完全確定要說些什麼，但我很有信心，無論事情走向如何，都將會是有意義且重要的。

於是我說道，自己一點也沒有輕率地對待遲到，並一直為此感到抱歉。然而，我沒有仔細考慮過不去收費，也不確定為什麼沒有這樣做。錢本身並不重要，對我們兩個來說大概都微不足道，把它拋之腦後也輕而易舉。但是對我來說，不收費似乎意味著我將一直安撫他、收買他。我好奇他的感受，他認為處理愧疚的恰當方式，是一方做出修復的姿態，這使得我們處理愧疚的方式形成了明顯的反差。

對艾德來說，**愧疚需要補償，即使只是象徵性的補償**，某種形式的道歉和修復都會使得事情恢復正常，並為原諒鋪好臺階。**沒有做出這樣的姿態，意味著對責任的逃避，也意味著缺乏悔恨之情**。

但對我來說，愧疚的主要特徵之一，是它令我難以承受。不承受的方法之一，是去懺悔或使用儀式來消除，就好比我們教導孩子說的那些魔法字眼，例如「請」、「謝謝」和「對不起」。

艾德最終開始相信，這些用語和姿態本身並沒有多大價值，當感到被其他人不公正對待時，艾德更希望這些人花些時間思考為什麼他們要這樣做，以懲前毖後，而不是只做出悔恨的姿態。而我覺得不收取艾德費用的做法不負責任，會使我理所當然、輕而易舉地從「我很抱歉」的態度，轉變成「我很寬宏大量」。

正如精神分析過程中那些最有用的事情一樣，有證據表明，探索彼此的互動所帶來的漣漪式聯想，比達成任何決定都更重要。從許多方面看，那段治療插曲涉及的議題，都是艾德與父母鬥爭的縮影，也是在他與女性浪漫情感中核心位置的重複主題。

痛苦和愧疚間確切的關係是什麼？艾德的父母要求他修復他們過往的失敗，也要求戰後德國政府正式賠償，這兩者之間的確切關係又是什麼？一個人如何逃避愧疚，又如何能更完整地承受愧疚？這個擺在我們面前的議題，推動了令人驚訝的進展：艾德的痛苦與受傷，和我的愧疚間的密切關係。

他原本可以在發現我忘記治療時間後就直接離開，從某些方面來說，**他非凡的責任心以及為之而付出的痛苦，引發和決定了我愧疚的**

程度，他的痛苦也和某種微妙的自憐編織在一起。

幾個月後，艾德的母親責備艾德讓她痛苦，因為他沒有詢問母親去醫院檢查後的情況，可是他甚至根本不知道母親去看了醫生。這又提供了另一個契機，讓我們重新回到他在那個寒冷早晨，等候在工作室門外的話題。

隨著詳細闡明他複寫紙一般情感系統的細節，我們更加清楚地理解，為什麼建立與我相關的信用對他很重要。我曾做過一件讓他痛苦的事，而在我這裡遭受的痛苦越多，他就越能保護自己免受我未來的攻擊。在他的想像中，未來我可能會因他帶給我的痛苦而攻擊他，並使他愧疚。我們後來發現，這種複寫紙般的情感系統，是艾德與女性間不知不覺越離越遠的關鍵原因。

隨著仔細記錄、收藏傷害及其後果，激情和慾望就會退回舞臺之後。愧疚和自憐通常有著複雜的關係。有時它們會一起被鎖定到一種零和博弈中：**一方越多，另一方就越少**。夫妻也經常會在自己最厭惡的爭鬥中創造這類互補需求，共同謀求這種關係。

濃烈的激情，需要複雜精細的互惠關係，每個人既是對方遲鈍和殘忍下的受害者，也是有意或無意間，給對方帶來痛苦的主觀加害者。在夫妻爭吵的原型中，雙方都強調自己受到了傷害，並降低自己施加的傷害，充滿了精心修飾的自憐和閃躲逃避的愧疚。

「零和」這個前提假設，註定了這種爭論是徒勞無益的。每個人都覺得自己的痛苦是真實的，雙方共同認定自己該為另一個人的痛苦愧疚，假定自己對其負有某些責任，也等同於放棄要求另一人對自己有所悲憫、承擔責任。

逐漸擺脫零和假設的能力，可以使夫妻雙方解決這類爭論。每位成員都需要試探性地承認，**雙方既是受到傷害的物件，也是施加傷害的主觀加害者**。或者用哲學家卡繆（Albert Camus）的話來說：「既是受害者，也是劊子手」。每個人的痛苦都是真實的，都需要被承認；每個人的過失也都是真實的，都需要承擔責任。

自憐和愧疚也可能被鎖進單獨個體的頭腦中，成為一場零和遊戲。在充滿虐待或混亂家庭中長大的孩子，會因為過於恐懼和痛苦無法接受現實。他們不可能接受這樣的假設：自己是受害者，因為他們承受著如此多的肆意虐待，和本不應有的痛苦，這讓他們不得不推測自己是有罪的，並圍繞這種推測，建構對這些體驗的敘事。

讓他們真正地悲憫自己，直接面對「我的處境毫無希望，毫無可能改善」的事實，將會他們更加無法忍受。他們深信，一定是自身的某些罪惡導致了照顧者的虐待，如果自己是良善的，這場惡夢就不會發生。

在微觀層面上，這個策略解決了自宗教信仰出現以來，一直困擾有神論者的問題，西方宗教中堅信，上帝是全能且公正的。人類的苦難，尤其是無辜兒童的苦難，很難與全能、公平的神明相協調。

許多宗教傳統中最令人信服的答案，往往是人類有罪的假設。從侮辱和冒犯神靈的觀念，到基督宗教中原罪教義的微妙之處，人類傾向透過獲得罪責，以換取從可憐的無助感中解脫。正如蘇格蘭精神分析學家費爾貝恩（William Fairbairn）所說：「在上帝的世界裡做罪人，比生活在魔鬼統治的世界裡要好。」

因此，**人為的愧疚感可以用作一種心理防禦，阻礙產生更加真實的、指向自身的自憐感**。同樣地，人為的自憐感也可以作為一種心理防禦，阻礙產生更加真實的愧疚感。在這些情境中，人們詳細闡述自己之所以受到傷害是因為落在別人手中，並把這種闡述當作先發制人的防禦，以避免為自己的過失承擔責任。

悲憫和愧疚都是浪漫主義敘事的根本特徵。前文中探討，依賴和攻擊是慾望不可避免的伴生物，**當依賴受到阻撓時，自憐便會出現**。

考慮到我們對浪漫愛情的終身渴望，依賴總會在某種程度上受到阻撓，即使是在最令人滿意的關係中也是如此；得益於愛情的脆弱本質，**攻擊性與隨之而來的愧疚，總是會與浪漫關係如影隨形**。

自憐和愧疚都有多種形式，區分這些樣貌可說非常棘手。一直以來，精神分析文獻鮮少闡釋自憐，卻對愧疚有不少觀點。愧疚的基本取向是由佛洛伊德設定的，隨後被梅蘭妮．克萊恩（Melanie Klein）革命性地改變了。因此，我們將探索精神分析的思想世界，從他們對愧疚感起源和本質的理解開始，思考愧疚在浪漫體驗中的位置。

精神分析視角的愧疚

愧疚，在佛洛伊德對人類困難的理解中居於核心位置，無論是神經病症導致的困境，還是更普遍的難處。在佛洛伊德看來，心理生活是雙相的。在我們所知曉、記憶的生活之前，是另一種更早期的童年生活，並且被嬰兒時期的遺忘所遮蔽了。那種生活是既奇妙又可怕的，以身體為中心，充滿了多種形態的反常性慾，以及離奇攻擊的生活形式。

對每個孩子來說，更早期的生活都會在重演悲劇的伊底帕斯角色時達到頂峰。性野心導致我們時而對父母充滿慾望，時而策劃謀殺他們，每個人都曾牽涉進心理上最可怕的罪行：亂倫和弒親。

人人都透過對懲罰與報復的畏懼，以及對那些禁忌衝動假設出的愧疚，進而成為社會化的、有責任感的人，即所欲求和憎恨的外部客體，被良知與監控等內部客體取代，壓抑的黑暗籠罩了更早期的生活。

對佛洛伊德來說，**愧疚感是讓我們從野蠻人上升為文明人的關鍵**。若缺乏這種伊底帕斯式愧疚感，將會導致社會病態，這是最危險的性格病理特徵。但在這種情況中，過多的愧疚感也會導致神經病症，患者會無意識地精心「安排」一些症狀，同時為嬰兒式的性願望提供表達和懲罰。

過度豐裕的伊底帕斯式愧疚，會導致歉疚，也就是佛洛伊德所說的「消極治療反應」。神經病症患者尋求精神分析來獲得解脫，卻不允許自己從中受益。由於他在潛意識中，自認為是伊底帕斯式的罪人，覺得自己不值得幫助，自己的罪行是不可饒恕的。

一九三〇年代以來，克萊恩對精神分析思想產生了巨大影響。她是出生於維也納的英國分析師，為佛洛伊德對愧疚感的描述，增添了強而有力的新維度。對克萊恩來說，愧疚似乎並不像佛洛伊德所認為的那樣，出現在五或六歲的期間，也就是伊底帕斯期的巔峰，而是處在更早的時期，在嬰兒與乳房間的關係尚處於前伊底帕斯期時。

克萊恩關於嬰兒心理狀態的觀點，遠比佛洛伊德的觀點更加黑暗、更加令人不安。**她認為嬰兒的心理狀態，被強烈、狂暴的謀殺慾望和精神病性的焦慮主導**。但是，嬰兒也愛乳房以及它產出的乳汁。因此，克萊恩的嬰兒在兩個方面徘徊：一方面是卑微的渴望與深切、熾熱的感激，感激那可得到又令人滿足的乳房所具有的卓越美德；另一方面是狂暴且憎惡的毀壞欲，毀壞那不可得到，又令人不得滿足的乳房所具有的殘忍和惡毒。

因為上述兩種體驗是如此的不可協調，嬰兒生命的最初幾週，都處於克萊恩稱之為「偏執—分裂位置」的心理組織中。事實上，在這種心理位相中有兩種乳房：一個好乳房和一個壞乳房，一個乳房是愛的客體，而另一個乳房是憎恨的客體。

克萊恩認為，這兩種乳房及其代表的兩種背道而馳的母愛體驗，終將逐漸整合在一起。她把這種困難又不穩定的心理成就，稱為「憂鬱位置」，在這種心理位中，嬰兒愛且恨著同一個客體。當這個完整的客體令人滿意時，它的乳汁使嬰兒由內而外地感到充滿愛與安全，從心底被喚起了最深沉的愛與感激；而當這個客體令人不滿意時，嬰兒只能任由自己的飢餓感支配，或覺得消化系統被破壞而不是被撫慰，並會被徹底的、不可饒恕的暴怒壓倒。

在嬰兒的幻想中，這是他唯一知曉的現實。他摧毀了那個辜負了自己客體，也發現自己被剝奪了一切。在無法控制的、復仇式的反擊中，他摧毀了自己世界中那些愛與良善的本源，使自己成了孤兒、使自己的世界變得荒涼。

克萊恩最偉大的成就之一，在於她描述了一種「修復」的強烈願望，這種慾望出現在這場自我造就的、世界末日般的大毀滅中。嬰兒意識到，他帶著恨摧毀的客體也是他深愛的同一個客體，並被深深的懊悔和愧疚牢牢緊抓。對這時的嬰兒來說，幻想是他唯一知曉的現實。在幻想中，他拚命修復著這個他既恨又愛的客體，修復這個讓他滿足又讓他挫敗的客體，也必須階段性地時而摧毀、時而重建這個客體。

在克萊恩看來，兒童由愧疚感驅動的愛之修復與恨之破壞之間不斷轉換的平衡，是決定童年時期及隨後成人時期情感生活的關鍵因素。如果恨太強烈，而對自己修復能力的信任十分微弱，那麼與完整客體的連結就無法維持，從而退回到偏執—分裂位置的世界中。

如今又出現了兩種客體——全好客體與全壞客體，愛與恨得以安全地彼此分離。但是在偏執—分裂位置的世界中（用今天的診斷術語來說，即邊緣性人格來訪者的世界中），自我與他人更完整的人性無法被同時容納。

對佛洛伊德來說，伊底帕斯式愧疚感，是從童年後期進入人類文明的大門；對克萊恩來說，嬰兒的前伊底帕斯期愧疚感，則是使人類之愛成為可能的核心發展成就。

傳統精神分析對愧疚感的描述，兼具具有敘事力量和臨床豐富性，它們也有兩個共同的特徵，對精神分析師運用它們的方式產生了重要影響。受愧疚感支配的個體，認為自己應當承擔的罪行發生在童年早期，在遙遠的過去；而同樣重要的是，這些罪行實際上從未發生過。

因此，在大多數傳統精神分析的觀點中，來訪者處理愧疚的方式大致如下：來訪者開始意識到，在許多方面自己的內心存在矛盾，他們透過症狀或適應不良的性格特徵刻意阻礙自己的抱負心。這便是源自愧疚，而**愧疚可以追溯至嬰兒與兒童時期各種想像中的罪行**。

來訪者逐漸意識到，兒童時期自己受幻想驅動，並將這些願望等同於真實的行動。他們曾經想過亂倫和弒父、想摧毀令人沮喪的乳房，但並沒有真的去這樣做，卻像真的做了一樣懲罰自己。因此，來訪者在精神分析治療中開始逐漸原諒自己想像中的罪過，逐漸認同自己可以少負一些責任。當成了成年人，他們會原諒曾經作為孩子時那些從未實施過的罪行。

精神分析師洛瓦爾德，則引進了一種不同的解讀。洛瓦爾德認為，「童年愧疚感，僅源於孩子腦中的幻想」這個觀點是錯誤的。洛瓦爾德從代際鬥爭的角度來看待伊底帕斯情結，認為兒童必然會殺死父母身上的某些東西，這不僅是在幻想中，在現實中亦是如此。

年幼的兒童需要被全面照顧，因而在兒童體驗中，父母透過提供充滿愛意的養育變得鮮活，他們是特別重要和珍貴的。但是，持續成長著的兒童需要放棄這種關愛，需要「殺死」這樣的父母。無論看到自己孩子成長時有多麼高興，父母都不可能輕易放棄更早發展階段必然包含的快樂和責任。

父母總是充滿矛盾地退出孩子的每個發展階段過程，並且退出的方式並不簡單優雅。兒童也需要為帶來自身解放的自由而鬥爭，他必須在推開父母的過程中盡一份力。因此謀殺帶來了愧疚感，而承受這種愧疚感，則是心理成長過程的重要部分。

相似地，成人時期的浪漫渴望產生了脆弱和依賴，**而脆弱和依賴又產生了朝向慾望對象的、真正且成人式的攻擊**。愛充滿了冒險，不僅在兒童時期如此，在人生所有節點都是如此。成年時期的愛不可避免地會伴隨著攻擊，攻擊又激起愧疚感。並非所有的愧疚感都能夠被有效還原為伊底帕斯期或前伊底帕斯期那些真實或想像的罪行。

在這一點上我從另一個來訪者威爾（Will）那裡學到很多，威爾因自己無休無止的愧疚感，前來尋求精神分析治療。

用愧疚感，逃避責任的他

威爾遭受著噩夢的折磨。他當年四十多歲，是一家公司的高級主管，承擔相當大的責任。他擔心犯錯，擔心忘掉重要的事，擔心因自己疏忽或做了錯誤決定傷害到別人。

在噩夢中，他深陷業務困境，發現自己曾忽略了一些重要的事，並因此導致了災難性的後果。這些夢嚴重干擾了他的睡眠，第一次來治療時，他看上去就像幾個月沒睡過覺一樣。

威爾在美國南方一個基督教次文化家庭長大。雖然他不再那麼信奉宗教，但一直深深信奉著成長過程中習得的價值觀。他在許多方面都很有原則，我很欽佩這點。他也不信任精神分析和大眾心理學文化，儘管他們夫婦在紐約的許多朋友都接受過各類治療。

威爾傾向認為，心理治療是一種自我沉溺，覺得關於潛意識的大多數討論都是某種形式的自我欺騙。但是他不能理解這些令他遭受痛苦的憂慮和噩夢，於是小心翼翼地決定嘗試一下治療。

威爾探索著這些噩夢中現象學方面的意義，以及噩夢所描繪世界的意義。在此過程中，他開始談論第一個，也是最戲劇性的情況，在這種情況下，他發現自己擔心沒有關注一些重要的事，並認為這些事件都是最致命且最重要的。

在威爾的記憶中，他的童年非常快樂，成年早期也相對順利且成功。在二十幾歲時，他和愛人蓋爾（Gail）結婚了。在蓋爾懷孕產子前夕，威爾開始和辦公室裡一位名叫琳達（Linda）的女性調情，並慢慢發展成了婚外情關係。

起初，他沒有把雙方心理上的相互吸引付諸行動，但在隨後一點一點越來越投入。對他來說，和琳達在一起這件事有著異乎尋常的吸引力。他也很驚訝自己既獲得了婚外情，還沒有對婚姻造成任何實質影響。

隨後，威爾逐漸意識到自己深深地、帶著激情和危險地捲入這段關係，他嘗試斷絕婚外情，希望回歸婚姻，但無法停止對琳達的想念。每次他都下定決心不再去見琳達，但最後都失敗了。當和琳達幽會時，他也越來越擔心在自己失去聯繫的這段時期，妻兒會發生一些可怕的事。這就是噩夢中感受的起源。

威爾開始意識到，他並不真的認識自己，而這讓他痛苦萬分。在最後一次放棄琳達的努力失敗後，他決定離開妻子。他感到非常痛苦，覺得自己像犯了罪一樣，也覺得無法繼續維持婚姻了。**他在自我鍛造出的孤獨煉獄中困了好幾年，不允許自己和任何女性在一起**。最終，琳達向他提出最後通牒：要嘛娶她，要嘛結束關係。

在這一外部強制威脅下，威爾終於能夠和琳達一起創造新生活。他們結婚了，有了兩個女兒；同時，他也仍然愛著第一個孩子，更是個負責任的父親。更重要的是，他的第二段婚姻比第一段更富有激情，也能吸引他更徹底和深入地投入。

儘管如此，他仍被愧疚感折磨。威爾覺得自己對蓋爾和兒子所做的事是不可原諒的，這種感覺從未停止。他背叛了自己曾經帶著絕對真誠信仰做出的結婚誓言，深深傷害了妻子，也讓兒子的早年生活變得複雜而艱難。這一切純粹是出於他自私的動機——性慾。

他用了一種《聖經》般的調性描述自己的個人生活：「我從恩典中墮落，我犯了致命的罪孽。」我們越深入探索他的生活，就越清楚認識到，他在二十多年前的那次「墮落」便是塑造此種情緒的核心事件。

雖然他愛著琳達和兩個女兒，但**在內心深處，威爾卻祕密地覺得第二段婚姻是不真實的、是罪行和謊言的惡果**，就像沙子堆起的城堡一樣。在和前妻打交道時，他一直把對方看作一個受害者，即使蓋爾已經再婚，而且生活也相當幸福；即使在任何人看來，他們的兒子都過得很快樂，但**威爾依然認為自己曾經對家庭的拋棄，造成了永遠無法治癒的傷口，受害者至今仍流血不止**。

因此在離婚協議中，威爾給了蓋爾遠多於她要求的東西。隨著時間推移，在關於兒子事宜的協商中，威爾總是不斷讓步。蓋爾是獨生子女，而威爾有許多兄弟姐妹。威爾覺得所有重大節日，兒子都應該與蓋爾和蓋爾的父母在一起，因為若兒子缺席他們一定會很痛苦。因此，威爾的兒子很少花時間和威爾的大家族待在一起——那是個有許多叔伯阿姨、表親兄姐的一大家子。

當我們探究這些情況背後的微妙假設時，威爾顯然堅信自己根本沒有任何權利。蓋爾隨時都可能提到威爾的拋棄，而且她的確會不時提起這件事，威爾不時便會為此感到愧疚。威爾覺得，如果他非常善良和慷慨、更加盡心盡責，並且繼續「受苦」，那麼也許某天蓋爾會原諒他。

當然，實際上她從來沒有因此原諒過他。在協商兒子長假時的去處時，威爾總會把蓋爾家晚餐的畫面，想像成作家狄更斯（Charles

Dickens）筆下《小氣財神》（*A Christmas Carol*）中小提姆（Tim）去世後的場景——卡羅（Carol）和她父母圍著桌子而坐，旁邊有一把空蕩蕩的、屬於兒子的椅子。如果威爾堅持讓兒子花時間陪伴自己，那麼使椅子空蕩蕩的責任就是他的。又如狄更斯在另一本小說中描述的，郝薇香小姐（Miss Havisham）的表好像停了一般，時間永遠被凍結在犯罪的那一刻。

威爾憎恨當代文化裡的簡單心理分析，憎恨對選民、親友做出可怕事情的政治人物，卻在揭露自己內心的魯莽和輕率後便獲得大眾原諒，這些人讚揚他們的誠實坦白，並請求選民繼續支持。他認為心理學為人們提供了一條簡單卻不誠實的出路：「當我還是個孩子時，我受到了創傷，被虐待和被拋棄。我很委屈，我的潛意識讓我在之後做了這些事。」

威爾認為精神分析是危險的，當然也包括我們的治療，在他的想像中，精神分析提供了一種使他輕鬆擺脫困境的方法，但他堅定相信自己犯下了某種可怕的罪行，且不想用一份自我欺騙式的赦免開脫。

威爾說，當代大眾生活中，有著典型的不負責任做法和輕而易舉的自我赦免，我贊同他在這方面的大多數觀點。我雖欽佩他的誠實和對自己的高標準，但我也覺得，他已經承受了足夠多的痛苦，這種自我折辱（self-indulgent）中存在某種自我沉溺。威爾認為我對他愧疚感的看法是危險的，會誘使他逐漸原諒自己，而他把這種自我原諒體驗認為是自我背叛。

在數個月的時間裡，我們討論了他生活的各個方面，最終卻不斷回到他的愧疚感，以及他反覆的自我譴責上——他似乎在這個問題上陷入了僵局，而我也是。當我意識到他的愧疚感，是如何持續懲罰著他（並找到了某種能使他也對此好奇的方法）時，突破口終於出現了：儘管他認為自己應該受到懲罰，但**愧疚感不僅懲罰了他自己，也**

懲罰了他周圍的那些人！

我十分好奇，他的兒子長大後發現，自己被剝奪了成為父親那邊大家庭一分子的權利時會有什麼感受。而威爾雖然努力撫慰著蓋爾，卻犧牲了兒子人生豐富體驗的可能。他還犧牲了琳達，在某種更深層的意義上，威爾永遠不能把自己當成她的合法伴侶來相處。還有他的兩個女兒，他非常關心她們，但很難不帶衝突地成為她們的父親。

我們開始認識到，他無法與自己更早期的罪行和解，而這一罪行又使他和所愛的人們捲入一種持續的、具破壞性的關係模式。這就好像他用自我折辱蓋了一座祭壇，並用現在的關係獻祭一樣。威爾的愧疚感存在一種神奇的、近乎妄想的維度。儘管現實情形已經改變了，威爾還是拒絕和解。

他一直渴望得到一種能消除所有傷害的原諒，也不能接受喪失自己的理想形象，雖然這個形象早已被他自己毀壞，他仍想重新使它完整起來。讓我們倆都非常驚訝的是，**威爾雖然看起來是世上最有愧疚感的人，但實際上，他一直想方設法拒絕真正承受自己的罪責**。他的撫慰和自我懲罰，都是為了消除自己不願意接受的行為後果。

因此，儘管他似乎承認了自己的罪責，但這些自我施加或安排的懲罰，通常只會分散他對這些愧疚感的體驗，實際上他難以承受這些愧疚感。

透過愧疚、自憐，我們何以看待自己

愧疚和自憐，會讓人誤以為只是種簡單的感受。我們傾向僅把感受看作一種存在，一種純粹、不請自來、不複雜的情緒爆發，但是**愧疚感和自憐感，實際上源自我們看待自己時採取的複雜態度**。

當體驗到愧疚感和自憐感時，自我都會分裂，即自我的一個部分假定了對另一個部分的某種態度——體驗愧疚感時會譴責自己，體驗自憐感時則會同情自己。

愧疚感和自憐感出現的根源，是我們和自己間的一種具體、多面向的關係，**在這種關係中我們既是主體又是客體**。精神分析學家一直以來，把這些關係稱為「內在客體關係」，並把它們看作所有體驗的深層結構。這種潛在關聯式結構，使愧疚感和自憐感實際上遠比我們以為的還要複雜。

在所有人類情緒中，我們對悲憫的態度也許是最矛盾的。音樂、藝術和文學中的悲憫，都是非常有力量又極有價值的品質，大大增強了我們的人性。朝向其他人類的強大悲憫能力和同情心，皆被認為是種美德。

亞里斯多德更把悲憫定義為：「一種痛苦，發生在……明顯的罪惡存在時，這種罪惡是有破壞性的，或者會帶來痛苦，發生在某個不應當發生這種事的人身上——一個預期自己或者某個家庭成員可能會遭受這種罪惡的人。」

瑪莎・努斯鮑姆（Martha Nussbaum）在探討亞里斯多德對悲憫的概念時強調，亞里斯多德認為我們產生悲憫的對象，不應當遭受降臨在自己身上的罪惡，而這解釋了悲憫和愧疚之間的互補關係：「被悲憫對象的善良……增強了這樣的信念，即這些痛苦是不應當的。這種不應當的痛苦引發了不公平感。」正是由於這個原因，才喚起了悲憫。

對莎士比亞來說，悲憫是人性的表達，它調節了我們內心野獸般的野蠻之情：「沒有一種野獸，可以在如此殘暴的同時感受到悲憫。」而葉慈的詩作《愛的憐惜》（*The Pity of Love*）中，則把悲憫定位於愛最深層的隱蔽之處：「悲憫超越了一切言說，隱藏在愛之心府。」

然而，悲憫是件棘手的事。悲憫（pity）通常只被用作同情（compassion）的同義詞，但是它們有著截然不同的內涵。同情指的是認同——感受上的認同。發生在你身上的事，也發生在我身上，我知道你如何感受，我曾經也如此感受過。

另一方面，正如亞里斯多德指出，**悲憫則是假定發生在你身上的事，也會發生在我身上**；倘若沒有好運氣，我也會和你一樣，儘管迄今為止我們有著不同的命運。因此，悲憫維持著認同與分化之間的張力，維持著共有脆弱性與不同命運之間的張力。

我們始終偏愛成為悲憫他人者，而非被悲憫者。我們擔心表達悲憫的人，會享受這種優越性所帶來的祕密滿足感，甚至也許會享受微妙的施虐感。在成為被悲憫對象的同時卻不感到被貶低、不感到淒涼，實著困難。因此我們會被那些主動引起悲憫的人推開，喚起悲憫和操縱悲憫只有一線之隔。

在劇作家布萊希特（Bertolt Brecht）的作品《三便士歌劇》（*Threepenny Opera*）中，「皮契爾的乞丐之家」的老闆皮契爾（Jonathan Peachum）諷刺道：「世上有那麼少數幾件事會讓人們產生悲憫，但麻煩在於反覆幾次後，它們就不再起作用了。」

我們通常認為，從本質上來說自憐是一種墮落。自憐的問題在於，它是一種私密的安排——**我們既是悲憫者，同時也是被悲憫者**。儘管對他人悲憫的能力使我們感到生命豐盈，但處於被悲憫者的狀態，卻近乎身分的降級。

在自憐中，我們同時扮演了兩個角色，這使得悲憫與自憐之間的關係，有點類似與他人做愛與自慰的關係。我們通常會不安於自我沉溺的傾向，正如劇中皮契爾所說：「沒有人會『相信』自己的痛苦，如果你肚子痛而且說了出來，聽起來只會令人厭惡。」

使自憐受到懷疑的特徵之一，是它和隱晦的指責有著緊密的聯繫，這種指責指向那些帶來痛苦的他人。正如艾德計算了在我辦公室外寒風中等待的每一分鐘一樣，**詳細闡述自己的痛苦，有時是為了給那些讓我們感到失望和背叛的人記上一筆**，從而對抗他們。權力有時會被授予受害者，既在現實世界中，也在自己的心理世界中。把自己的失敗和缺陷當作父母失敗的里程碑，更是心理治療的建設性過程中一大常見障礙。

然而，對自己悲憫的能力，承認並接受自己的痛苦是真實的、辛酸的、有時甚至不公正的，非常重要且富有建設性。自感悲涼，代表終於接受了在面對生活許多方面的相對無助感。

威爾無法同情自己在第一段婚姻中自我理解的限制，這和他壓倒一切的愧疚感並存。我們逐漸認識到，他的兒童時期並不像記憶中那樣美好，他感受和認識自己的範圍曾被縮減。他在第一段婚姻中帶著絕對的真誠和信仰許下結婚誓言，但是忽視了自己內在激情的特質。

這些特質後來越發明顯，讓他大吃一驚。他仍然有許多懊悔，但對自身處境的同情日益增長。這並沒有消除他的愧疚感，但是能幫助他更少陷進無法承受自己愧疚感的無力困境中。

我曾經有另一位中年女性來訪者，她從青春期開始患有厭食症，至今仍遭受各種身體痛苦和疑病症的折磨。她對自己的家庭生活幾乎沒有任何記憶，但我們知道，一定發生過某些非常嚴重的事，而她在飲食方面的無能為力，則表達了她對家庭的某種感覺。也許，她的家庭曾帶給她一種不能維持和涵容生活之感，但是她絲毫不記得發生過什麼。

幾年前，她在翻看父母的物品時，偶然發現了一幅自己小時候的畫像，這幅畫讓她感到恐懼。彼時，作畫的畫家已經出名了，這幅畫也隨之相當貴重，但她難以忍受這幅畫的存在，於是把它還給了畫家。

這幅畫像捕捉到了她兒童時期一些痛苦的東西，作為成年人，送還的行為相當於對曾經痛苦的迴避。在還是個兒童時，她沒有能力去面對這樣的痛苦。而那些不能承認和思考的東西，便轉變成身體上的痛苦和無能。**朝向自己的悲憫則是一種自我哀傷，它允許自己接受這種心理上的自畫像**。

你的悲憫和愧疚，是否有求於人？

悲憫和愧疚經常以兩種形式出現。一種形式豐富著我們，也是影響心理成長至關重要的因素。在另一種形式中，我們把這些感受降級為自己私密而靜態的體驗，並透過這種安排，把自己阻擋在那些新穎，但也可能具有風險的體驗之外。

真正的悲憫，必然意味著帶著同理心接受自己的痛苦，這些痛苦是由超出自身控制的外在事件和力量導致的。若沒有悲憫的體驗，就只是在欺騙自己，否認自身的有限性、局限性，以及終有一死的命運。我們對自己生活的控制如此有限，接受這點卻十分困難。我們也許可以使用一個名詞「憐惜」加以釐清，真正的悲憫總是在憐惜的邊緣上下擺動，表現為受害者心理和自憐。

在這種情況中，自我成為超出控制力量的作用物件，使得悲憫滑向了「自己是受害者」這樣的主張。**我們主動策劃行為以喚起悲憫，而在上述的情況中，悲憫也來自我們自身**。同樣地，真正的愧疚必然意味著接受責任，接受自己曾經給他人和自己帶來痛苦，且需要為此負責。

若沒有真正體驗到愧疚感，我們就無法冒險去愛，無法允許自己享受成功和快樂，因為我們對自己的破壞性十分恐懼。我們可以使用另一個字眼「罪惡感」，用以區分愧疚，它會使個體在永無止境的內在自我保護中，不斷付出更多代價。

倘若真正的自憐感之所以難以忍受，是因為它意味著我們需要接受自己**對這個世界如此有限的控制力**；那麼真正的愧疚感之所以也難以忍受，是因為它意味著，我們需要接受**對自身也只有有限的控制力**。

當我們傷害了所愛之人，傷害是不可逆轉的，和時間一樣。**在真正的愧疚感和悲憫感中，我們不會有意識地嘗試任何事**。我們會覺察自己而產生悲憫，或考慮自己的行為帶給別人的後果，並產生愧疚。除了這些感受，我們什麼也做不了。

我們承受著這些感受並繼續前行，增長見識、豐富自己，隨後邂逅下一段經歷。多重自我的本性，允許我們擁有不同的狀態和觀點，有時同時擁有、有時相繼擁有。也許我們會因為他人的背叛、失去愛情、被拋棄和失望而悲傷和哀痛，但仍會對圓滿的愛情和逐漸浮現的新機會保持開放；也許我因背叛他人感到深深的懊悔和愧疚，但是我仍然對第二次機會和新的可能敞開心胸。

相反地，在**自憐和罪惡感中，我們一直在試圖做些什麼**，這些努力把我們固定在某個靜態的位置。作為受害者這個角色時，我們會陷入持續的自我感動、甚至悲憫自己的過程；作為有罪責的施害者時，我們則會陷入持續爭取、赦免自己責任的過程。

因為悲涼和愧疚令人感到脆弱，我們一直以來都渴望將其置於幻想出來的全能控制下。我們圍繞自憐和愧疚，建立起一種靜態的、私密的狀態，把自己封閉起來，不再參與有他人存在的世界——這個有巨大風險，當然也有著巨大回報的世界。

所有的浪漫激情都摻雜著悲憫感和愧疚感。作家麥卡勒斯認為，悲憫源自戀人的孤獨感，戀人在過去一直對當前的慾望充滿渴望和憧憬，這種過去的體驗，增添了眼下慾望的深層內涵，卻很難在此份慾望中得到滿足。

愧疚感源自戀人在某種程度上不可避免的消極信仰，因為愛總是會摻雜著攻擊和報復的幻想。悲憫和愧疚太難以承受，導致了一種風險，讓浪漫愛情的敘事降級為自憐和罪惡感。

悲憫和自憐、愧疚感和罪惡感，不僅是私密的心理感受或狀態，也是我們和他人交流自身體驗的模型。自憐與罪惡感，就像是悲憫與愧疚感的孿生兄弟，只不過更具毀滅的特徵。如果希望將兩者區分，也許沒有比傾聽他人的痛苦經驗更好的方式。

悲憫和愧疚感，對傾聽者沒有任何「要求」，僅傳達了一種身處痛苦之中的感受、一種可以分享的脆弱感。**而自憐和罪惡感則傳達了既微妙又直白的人際脅迫感**。傾聽者會被輕輕推向兩種情境之一，要嘛需要去安慰對方（你做的事沒那麼糟糕／你造成的傷害並不像自己以為的那麼多）；要嘛必須與對方立場一致（你該為自己的行為受到懲罰／他們真的把你害慘了）。

浪漫關係早期得以建立的部分因素，源自對過往愛情故事的敘述：你過去很壞，但和你過去的戀人不同，我會原諒你；你曾經做了錯事，但和你過去的戀人不同，我會拯救你。這些敘事對關係中的雙方，有著莫大的吸引力。但隨著時間持續，人們不可避免地會開始共情過往被邪惡化的戀人，更少渴求去原諒或者拯救對方，反而鼓勵遏止悲憫和愧疚感。

在最原初的悲憫和愧疚感中，蘊含著一種尊嚴感，這種尊嚴感也讓藍調音樂成為一種既感人又強大的表達形式。藍調音樂發展出一種美國式的、深刻且豐富的悲劇敏感性，透過諷刺的核心姿態，歌手嚴肅地看待自己，但同時又不會過於嚴肅。

文化和音樂評論家克勞奇曾說：「從根本上來說，藍調音樂是一種反抗自憐的音樂，甚至直白地嘲弄自憐。歌手鄙夷所有試圖躲閃責任的自欺行為，哪怕所躲閃的只是一部分責任。」

正是這種典型的諷刺，**既允許我們在不把自己描繪成受害者的同時悲憫自己，悲憫對命運有限的控制能力；又允許我們在不自我折辱的同時，堅守自己對過失的責任**。我們對自身的回應中，存在一些自發而非強迫的元素，為更徹底地生活提供了深層潛力。就像音樂人大衛．布朗伯格（David Bromberg）說過的：「如果想詠唱藍調，就不得不承受痛苦。」

第6章

無意識的控制，與長相廝守的承諾

「這些情況必然會發生，不受意志所控制。你似乎總是認為自己可以強迫花朵綻放，認為人們必然會愛你——但你無法強迫這些發生。」

——英國作家，D·H勞倫斯（D. H. Lawrence）

「自由只是『一無所有』的代名詞。」

——美國鄉村歌手，克里斯·克里斯托佛森（Kris Kristofferson）

「潛意識心理過程」，是個令人震驚的概念，但佛洛伊德於此的觀點無疑是正確的。我們認為，自己的心理過程是透明的，隨時都能知道自己心裡在想什麼，認為自己是在持續監控心理過程的狀況下，選擇做些什麼、說些什麼、想些什麼。但事實證明，這是錯誤的，或者更加確切地說，這近似於正確，但都僅局限在非常狹窄的視角內。隨著觀察視角不斷擴展，我們方能開始欣賞不同背景下的自己。

考慮到大腦的複雜程度，心理的複雜程度也許就不那麼令人吃驚了。**大腦由一千億個神經元或神經細胞組成，這些神經細胞又透過一百萬億個突觸或腦細胞橋粒彼此連接**。電腦科學、人工智慧等領域的研究人員，在讓電腦執行一些大腦習以為常的簡單任務，比如視覺識別時，我們才逐漸認識到大腦內部的神經結構是多麼複雜。

然而，心理表面上的簡單透明並不是偶然，也不是錯誤推理，而是物種適應的必然，使我們能夠帶著連續感，和主觀能動性在自己的世界中遨遊。

人的經驗與感受，多到無法明說

請假設以下社交情境：你和一位老友一起去了一場熱鬧的聚會，在場同時有熟人也有陌生人。你倆很快就融入了聚會，和各式各樣的人熱情交流。大家來來去去、相互寒暄，像彈珠檯上的彈珠一樣彈來彈去。直至一個多小時後，你們離開了聚會。

你發現，自己來時的心境快樂而舒適，離開時卻很不一樣，有些輕微的躁動，還有點憂鬱。你不太清楚過程中發生了什麼，所以和朋友探討了一系列邂逅的細節：我和寒暄過的人，以及沒有說過話的人之間，有著多種不同的關係。我出於不同原因主動尋找、聯繫其中某些人，另一些人我則沒興趣與之交談；我和其中一些人有眼神交流，而迴避了另外部分人。我覺察到房間裡有許多人，其中一些人似乎在不同程度上尋找我，另一些人則在不同程度上迴避我。

我迅速監控和處理著各種資訊，既有和熟人有關的資訊，也有和陌生人有關的資訊——這些人是誰？和我是什麼關係？現在正如何呈現他們自己？我想和他們做些什麼？我和他們交談時的體驗如何？他們如何回應我？**在這一個多小時的歷程中，我做了無數個選擇，但一切過得如此之快，以至於我完全沒有時間斟酌自己在做些什麼**。

當回顧這些互動細節時，我才意識到聚會時有多少事情正在發生。有人是我很高興見到的，並渴望和對方聊天，也有人不知為何惹惱了我。不同人身上的特質或舉動，激發了我的哪些反應？他們說了或做了什麼？是因為我曾聽到過什麼有關他們的事嗎？是因為他們讓我想起自己認識的某些人嗎？當開始解析自己對他們複雜的想法與感受，我逐漸意識到，自己有如此多不同的意圖、禁忌、希望，和焦慮。這些內容與我無數無法言說的記憶、猜測和預期交織在一起。

同時，從朋友那裡得到的資訊變得十分重要，她對我的這些邂逅都有自己的觀察。我有時似乎一直在回應她注意到的事情，自己卻沒有意識到。她指出我的一些細微表情，而我已經忘記自己曾經做過這些表情了。她以前聽過我在聚會上講的故事，今晚我卻用了不同方式來講述。這些不同的方式，表明我和某些人在一起時會更輕鬆嗎？表明我想給別人留下深刻印象的慾望嗎？在某些時候我說了一些事，或者保持沉默，都讓好友有點驚訝，因為這些現象，皆揭示出她從未見過的我的另一面。

我開始追蹤自己變化的情緒，並認識到在某次互動中，我用了一種自己也覺得並不會帶來好處的方式冒險發言；在另一次互動中，又因為某個人過度的友好而感到窒息。在某個時候，我因一種連結感而喜悅；在另一些時候，我出乎預料地覺得被激發了興趣，想要知道更多資訊。

我慢慢把自己心境中的轉變與這些互動過程對應，有些聯繫看起來非常有說服力，但也有許多無法解釋的細微之處。我還發現，其中有更多的東西超出了自身的理解。或許，對這場短暫聚會期間所發生事情的假設性探索，可以持續很久、很久。

事實上，對這件事的探索具有潛在的、無窮無盡的可能性。迄今為止，我只關注了自己在聚會上的表現，以及朋友對此的看法，還需要探索我倆看法之間的差異。她的這些認知，產生自她與所有這些人，以及與我的複雜關係，因此，我們還需要探索這些認知產生的過程。

我們也開始懷疑，**「認為正在發生的事情」中，有多少是真正在發生的？是否因為這些細微差別和解釋令人愉悅，所以我們「發明」了這些說法？**我們也不得不考慮關係的複雜性，以及這些複雜性會如何影響自己在聚會上的行為和體驗、如何影響對聚會的反思。

我們在任意時候的理解，都會受到此時此刻彼此身上正在發生的事影響，並在之後開始解析這種影響。但是，這種嘗試解析謎團的互動過程，必然有著複雜的內涵，因而也將會反過來要求更多的解析。

我的心理遠遠不是透明的，因為我所處的背景必然在不同程度上是不透明的、被隱藏的，**嘗試在這樣的背景中理解自己、試圖徹底審視和把握自己，就像妄想用奔跑的方式擺脫自己的影子一般！**

我們在永不間斷地做出種種選擇，但它們真的是選擇嗎？當在聚會上做出一些事情時，我有一種對「自己正在做什麼」的覺察；但做另外一些事情時，這種主觀能動性卻變得模糊且無法言說。我還做了一些完全沒有意識到的動作，直到被朋友指出時才有所覺察。所有這些都是選擇嗎？似乎是。但是它們是我的選擇嗎？如果不是，還能是誰的選擇呢？

對於某些我未能在當下覺察的動作，我卻能在之後精確說出自己做了什麼、為什麼做，以及怎麼做的情況，讓我覺得十分完美。佛洛伊德稱這類選擇為「前意識」選擇：**它們原本不在我的覺察中，但是一旦我注意到它們或由別人指出來，它們就能夠進入我的意識**。

前意識與視覺感知，有著非常相似的運行方式。我們傾向假定自己能清晰看到視覺世界中一大段區域，大約為視線前方一百五十度的範圍。但是仔細看看前方，你就會注意到真正能清晰看見的視野範圍有多麼窄小——也許只有幾度，剩餘區域實際上是相當模糊的。

我們認為自己能清晰地觀看事物，並週期性地移動視線來追蹤它們，讓自己確信，它們事實上看起來就像假定中它們會是的樣子。透過集中注意力，我們能夠看見視野中剩餘的部分，但並不是以連續的方式看見的。

前意識的意義和選擇，以類似上述視線的方式運行。**我們在世界**

上所從事的許多活動，都是基於前意識的、模糊的、朦朧的選擇，並經常在沒有準確表述和清晰洞察的情況下做出選擇，但如果嘗試去深思熟慮，我們也可以做出更有條理的決定。

還有另一種可能性。比如有某位我並不認識的人參加了聚會，她長得非常像我表親，而我可能相當討厭這位表親，或者愛過她，抑或愛恨交織。許多年前，這位表親曾輕蔑地拒絕我對她的示好，於是我斷定自己一直很討厭她，用這種方式應對我受傷的感受。

隨後，回憶起她只會激起我的憎恨感、沒有被應答的渴望感，以及被拒絕感，這些感受很尖銳，讓我很不舒服，所以我也很擅長把她忘記——事實上，我幾乎從未想起過她。一提到她，我就會告訴自己我是多麼鄙視她，我失去了曾經喜歡她的所有記憶。但在這次聚會上，這位女性和我表親長得簡直一模一樣。我從遠處瞥了她一眼，心裡有股悸動，但是我忙於其他事情，而沒有注意到這點。

我在人群中遊蕩，並且做出了能使自己迴避她的決策——畢竟，她就像是來自過去的鬼魂。我沒有意識到自己正在這麼做，如果有人問起，我也會否認自己對她的迴避。那位表親可能仍然對我很重要，以至於和她有關的記憶會影響我當下的社交行為。但我不喜歡這樣的想法，也無法想像自己仍然喜愛著對方。

這些情感對我來說相當危險，以至於會在心裡做出這些選擇（儘管不是透過可以直接意識到的那部分心理）。**佛洛伊德稱之為「潛意識」的心理過程和選擇，不僅不在我的覺察中，也不受歡迎**。我再次在沒有意識以下心理過程的情況下，主動將它們阻攔在覺察之外，即使呈現在我面前，我也不會承認它們是我的想法。

我們一直在自我意識中進行著一項假設性實驗，設想會需要自我探索，以追蹤自身與他人交流過程中採取方式，這些自我探索有著複雜的、多面向的意圖，可以分為三類：有些意圖伴隨著深思熟慮的自我覺察；有些意圖沒有注意焦點，但是當被意識層面的主觀能動性識別時，與意識層面的內容也協調一致；還有些意圖不能被意識層面的主觀能動性所識別，並因而被否認。

若使用心理的過程能夠不需要注意焦點，自我意識也不需要付出辛勤的努力、消耗掉大量精力，該有多幸運呢？我們在主觀上會覺得，自己的意圖和行為的意義都是透明的，但這種主觀感受僅僅是一種幻象。也正因為有這種主觀感受，我們才會覺得自己的體驗或多或少是無縫銜接的，而且效果顯著。

若突然意識到自己意圖的複雜性和多重性，我們將會陷入「蜈蚣困境」：若我們詢問蜈蚣，牠是如何協調一百條腿走路的？牠恐怕會立刻陷入困惑，導致無法行動。前意識和潛意識的心理過程，乍看之下難以置信、神祕難懂，但如果想擁有豐富多樣的生活，那麼這些心理過程就是自然又無法避免的。

驅動者或是被驅動者？

所謂「潛意識意圖」或「潛意識意識」聽起來有點古怪，畢竟這些詞語，本就是相互矛盾字眼的組合。意圖和意識，在日常用法中就暗示著它們是有意識的、深思熟慮的、有自我反思的選擇。然而，心理治療師經常處理「選擇」這一議題，這些選擇，就像前文中我在聚會上做出的選擇一樣，是在只有很少，或甚至完全沒有意識選擇感下做出的。

誰是我們做出選擇的內在主觀能動者？那是我的一部分嗎？儘管心理工作者一直都在探索這些心理過程，但還沒有人發展出一種清晰、適宜的方式來理解和談論潛意識意圖。對我們所有人來說，這依然是個大哉問。

佛洛伊德嘗試用去中心化的方式理解個人，對我們來說，人類能動性的本質之所以受到關注，在相當程度上都得歸功於他的這一貢獻。當然，在佛洛伊德之前，許多文人如莎士比亞、歌德（Johann Wolfgang von Goethe）、杜斯妥也夫斯基（Fyodor Dostoevsky）和托爾斯泰；以及哲學家，如叔本華（Arthur Schopenhauer）和尼采均已指出，個體作為主觀能動者，並沒有覺察到內在體驗中動機的作用。但是佛洛伊德擴展了這些洞見，並發展出了自由聯想這一方法，用來系統性地探索潛意識體驗。

最重要的是，佛洛伊德用了一種與我們習慣的自我評價方式極為不同的做法來描述自己。佛洛伊德不再把潛意識動機看作病理性的失常，而是將其理解為一種規則。佛洛伊德想向我們展示，**我們是被自己所不知曉的力量所驅動的。我們不僅未對自己有完全的掌控，往往還對真正在發生的事毫無頭緒**。隨著發現潛意識動機，佛洛伊德揭示「人類宣稱是自己的主人，掌控著自己的心理」這種說法，在本質上便是虛幻的。

對許多人來說，潛意識動機的概念令人震驚和陌生。但佛洛伊德的觀點已透過各種方式，滲透進人們對自己的體驗之中，並讓我們不時懷疑對自我的控制能力。佛洛伊德那個時代的人們，對自我管理能力自信滿滿，在今天看來這是多麼稀奇古怪、過度樂觀的想法。

詩人威廉・歐內斯特・亨利（William Ernest Henley）因病導致殘疾，但依舊勇敢無畏，他曾經在詩作中吟誦道：「我是自己命運的主人，是自己靈魂的船長。」亨利一向認為，只有弱者才會失去對自己體驗的控制。這種維多利亞時代下，具有啟蒙主義色彩的理想典範，認同一種全能、自主的意志力量，認同對自己心理透徹的俯瞰和掌控。

如今，人們這般強大的信念多已消退，雖然不時仍有一些餘波會出現在各種標語中，就比如前美國第一夫人南茜・雷根（Nancy

Reagan）的反毒口號「說不就好」（Just Say No），以及耐吉（Nike）的標語「做就對了！」（Just do it!）。這些標語是一種期盼奇蹟式的否認——當物質成癮、體質羸弱和缺乏鍛煉的狀況，在生理和心理上都有力地控制著個體時，人們卻期望單單用意志力就能神奇地將其克服。

在光譜的另外一端，則和這種「意志無所不能」的宣揚完全相反，是一種被動受傷害的信念。我們經常可以在電視節目上看見這種念頭的展現，即犯下惡劣罪行的犯人，透過申訴自己過往受傷害的經歷來申請減免罪責。他們似乎在說，我不僅已設法控制自己，今天發生這些事，我也是個人過往經歷的受害者。心理治療經常被這類尋求減免罪責的行為誤用。

大多數人都在「浮誇全能的自我宣稱」和「加害者對自身無助的申辯」之間徘徊，努力地理解自己。就像我努力理解自己在聚會中的行為和體驗那樣：有些事我很清楚，有些事我只是大致了解，還有些事情我似乎完全無知。所以無論是否能用語言清楚表達，我們都在努力理解自己的潛意識意圖。佛洛伊德的說法，便為我們提供了一些線索。

如果個人不能像司機控制汽車那樣來控制自己的心理，那麼誰可以呢？佛洛伊德推翻了對全能意志的天真信念，但也留下了精神分析界至今仍在努力解決的難題。心理真的像失控的車輛一樣處於控制之外嗎？還是說有一個遠端控制儀、某種隱藏在心智中的控制器，只是名義上擁有它的主人並不知曉？

為了思考心理，佛洛伊德創造了許多概念和隱喻。佛洛伊德在非常早期的部分案例中，把違抗意志的「反意志」想像成一個密謀破壞者，會讓人產生潛意識衝突和令人煩惱的症狀。而在後來正式的「元心理學[1]」理論化過程中，佛洛伊德卻拒絕了潛意識這個用詞——儘管這個術語仍然在流行心理學作品中被廣泛使用——因為他覺得潛意識暗指著，在心理的隱蔽之處存在另一種替代性的意識。

佛洛伊德認為，潛意識想法並沒有被整合成一個單一主體或視角，它是零碎的、分散的。但是，在佛洛伊德努力形象化的這個心理模型中，張力依然存在。他在一九二三年引進了「本我」（id）的概念，並把本我看作本能驅力的儲存庫和潛意識的核心。

佛洛伊德從身心醫學家喬治・果代果（Georg Groddeck）的著作中借用了本我這個詞，而這正是果代果所想表達的原意——有時本我具有「它[2]」的特徵，它是一種隱藏在心理中的任性小惡魔，它驅動心理按照自己的祕密章程行事。

1 編按：元心理學（Metapsychology），指的任一心理學理論本身的結構，而非其所描述的對象。心理學是關於心理的，元心理學則是關於心理學的。

2 編按：拉丁語的「id」之英文直譯，為「it」。

佛洛伊德有時會把自我（ego）和本我之間的關係，描繪成騎手和馬之間的關係。任何騎過馬的人都清楚，馬本身的運動就像是一股強大的「反意志」。但是在另外一些時候，佛洛伊德把本我描繪成發散的、零碎的，描繪成一只沸騰不止的大鍋，或者描繪成大海本身。本我就像須德海[3]一般，被文明緩慢地暴露、規劃以及施加控制。

因此，在推翻關於自主、全能意志力這一理想典範的過程中，佛洛伊德創造了某種概念真空，他隨後關於潛意識的眾多意象和隱喻，從未成功填補這個真空，他的後繼者們也尚在努力中。

心理是由隱藏的控制器所控制的嗎？我們對自己的感受、覺得自己或者「自我」有著根基於個人獨特性的多樣性，這些感覺都是虛幻的嗎？許多佛洛伊德學派理論家們一直被這些觀點吸引，但其中不同取向，已經開始定義當代思想中的某些基本分歧，這既發生在精神分析領域內，也發生在精神分析以外的領域。

一方面，美國精神分析領域的某些潮流中，已然出現「心理中心」這一概念的回歸。從一九四〇年代到一九七〇年代，占據美國精神分析意識形態統治地位的，是佛洛伊德學派的自我心理學。在這種取向中，「自我」被賦予的力量和資源，遠比佛洛伊德曾經賦予的更多。

佛洛伊德所認為的自我，在本質上是一個仲介調停者，它試圖協調本我和外部現實之間相差甚遠的目標。但佛洛伊德學派自我心理學的自我，自身便帶有強而有力的主張，**它整合、適應和創造著艾瑞克・艾瑞克森（Erik Erikson）理論中所說的「身分認同」**。

另一方面，法國後結構主義學者傅柯（Michel Foucault）的哲學

3 編按：須德海（the Zuiderzee），位於荷蘭西北部的淺水灣，曾是與北海相連的水域，其中大片面積已透過工程轉化為陸地。

思考以及法國精神分析師拉岡的理論，深深影響了許多後現代思想流派。一直以來，這些思想流派中所有有意義的主觀能動感、心理中心感，或者自我感都被抹除了。在這種影響下，**人們認為自己所思所想所為的，不過是「推論下的」立場，是語言和文化意象的造物**。

這場爭論對於所有試圖理解愛情本質的努力，都具有重大意義。浪漫是某種我們能夠憑藉意志發展、維持的東西嗎？當厭倦了它或者為之痛苦時，我們能僅憑藉意志或意圖，就減少或者徹底停止它嗎？或者，如果浪漫愛情處於意識、意志的控制之外，那麼它是由我們內在某種隱藏的主觀能動者啟動、控制，或終止的嗎？這種主觀能動者是處於自我覺察之下的嗎？

多重的意圖和分散的動機聚合在一起，決定了我們的浪漫感受，但這些意圖或動機真的存在嗎？抑或浪漫愛情這樣強烈的情感體驗，其實產生於意識層面上，是主觀能動性和潛意識動機的某種組合？如果我把愛給你，我到底給出的是什麼？這個正在給予的我又是誰？你又是誰？

意志，是成事的助力還是阻礙？

在社會學和心理學領域，關於人類體驗的所有主流解釋，都涉及哲學家所說的「宏大敘事」——**它們告訴我們生命究竟是什麼，真正驅動我們體驗的又是什麼**。因此，它們必然是還原論的和決定論的，每個理論都在努力揭示人類體驗表面細節之下潛在的原因。

因此，馬克思（Karl Marx）試圖證明經濟和社會階級利益，對價值觀、世界觀以及個人生活所有面向的影響。佛洛伊德則試圖追溯成人情感生活中，那些嬰兒期性願望和攻擊願望的主導力量。心理學家史金納（B. F. Skinner）倡導的「行為主義心理學」，則是一種非常不同的心理學，它將當下的選擇追溯到個體過往的刺激與制約。

幾乎所有的社會學和心理學都是決定論的，因為它們認為，人類的體驗和行為是某些力量或動機作用下的產物；特定理論的內容提供了特定動機的內容。人們傾向認為選擇或意志是虛幻的，認為自己能決定自己要做什麼。但是**如果根據某個特定理論的信念行事，那麼我們的選擇已經被該理論認定的原因決定了**。不論這些原因為何——經濟利益、嬰兒期的願望、過往的刺激——都會被看作決定性因素。

是什麼決定了我在聚會上的行為？一位馬克思主義者會假定，我那些尚不明確的選擇，是在表達和捍衛某一階級的意識形態和利益；一位佛洛伊德主義者會忙著探查一連串的社會關係，這些連結代表了兒童時期所經歷的情結和幻想的劇本，而我對社會關係的反應則表達出了我在嬰兒期的性願望、攻擊願望，以及對它們的防禦；一位行為主義者則會根據我反覆出現的行為模式來分析我的動作，這些動作揭示了我曾經習得的制約反應和過往的刺激。**他們全部都會同意，無論我認為自己在忙什麼，都不過是種愚昧的敘事，與真正的動機和原因毫不相干**。

這些理論均包含了對一個人作為自己體驗主觀能動者的抹殺。存在主義哲學和心理學則是例外，比如哲學家海德格和沙特（Jean-Paul Sartre）的觀點。存在主義非常強調選擇，強調個人對自我的真實性、對自己命運的決心，以及因之而起的愧疚和憂慮。問題在於，我們認為自己具有如此強大的自我決定能力，彷彿幾乎全知全能，所以我們的歷史、童年、前意識與潛意識動機所帶來的影響是有限的。事實上，沙特甚至激烈地爭辯道：「潛意識這個概念是沒有邏輯的，是一種自欺欺人的糟糕信念。」

從這種觀點來看，如果我承受得住完全誠實地面對自己，就能看清聚會上的我：一位靈巧的社交達人，用老練的方式同時完成多項任務，包括假裝沒有注意到那個與我表親十分相像的女性。

心理治療師或精神分析師，每天都在努力處理這兩種視角的協調難題：一種觀點啟發了覺察之外的動機，另一種觀點提醒我們，我們是自身體驗最終的主觀能動者，而不是受某些黑暗的、非個人的力量控制。

沒有理論家能夠系統性且詳細地闡述，若將兩者匯合起來會發揮何種作用，但是諮商師能用一種粗糙卻有效的方式處理這個問題。我們也不盡然需要認同沙特的觀點，即我們對自己是完全透明的，因此堅持我們所認為自己正在做的事，與實際做的事息息相關。

讓我們回到聚會的例子來理解這個觀點。如前所述，我在聚會上做出過許多不同的選擇，根據我在多大程度上體驗到自己是自我意識的主觀能動者，這些選擇可以分為不同類別。

在似乎知道自己正在做什麼的時刻，可以說我的意志處於體驗的前景。在其他一些時刻，我體驗到自己被無形的力量襲捲著前進，會不假思索地做出一些特定的舉動。在隨後反思這些舉動時，我能夠找出許多理由——雖然沒有仔細思考，但對自己在做的事有些模糊的概念。在這些時刻，我的意志可以說處於體驗的背景。

然而有一些時刻，我的行事顯然和幾乎遺忘的童年衝突相關，在朋友的幫助下重新建構這些時刻時，**我以為知道自己在做什麼，但從某種意義上來說，我的行事方式與自己的理解是相互矛盾的**。在這些時刻，我的意識意志可以說處於體驗的前景，但潛意識意志處於場景之外（相對於前景和背景）。

如果用這種方式來處理，所有活動和選擇都必然反映動機、理由，和意志。這些動機和意志要嘛處於前景中（意識層面中），要嘛處於背景中（前意識層面），要嘛處於場景之外（潛意識層面）。對於意志來說，這三者何者最好？這要視情況而定。

許多年前，我曾經教過別人打網球，如果沒有經歷自覺的訓練，一個人是不可能精通網球的。若給世界上最優秀的運動員一把球拍，然後讓他臨場發揮，他也只能做到一定程度。因此，接受指導十分必要：從正手擊球和反手擊球時的握拍，到與球網垂直站立的方式等。當學習打網球時，你必然要在前景中進行大量意志指導下的訓練。

而一旦精通了網球打法，擊球方式形成模式並逐漸流暢，意志就會退居到背景中。這時自我意識反而會成為阻礙，那些渾然天成的表現後來有個時髦的稱呼：網球禪。幾十年來，網球員一直在談論「在最佳狀態」（in the groove）擊球，似乎球拍會沿著一條沒有刻意設計和準備就已經鋪設好的軌道運動。

許多運動員都表示，當他們表現得極其出色時，會處於一種喪失主觀能動性的感受中，他們會用「全神貫注」（in the zone）、「渾然忘我」（out of one’s mind）這類的詞語來形容。當然，如果連續出現失誤時，那就需要召喚自我意志，讓它再次出現在前景中：檢查握拍姿勢、腳步、接球動作、動量等。

因此，對某些活動來說，例如熟手在打網球，或大多數人在分享親密的情感時，意志通常會盤旋在背景中。對於其他活動來說，比如新手學習打球、糾正連續失誤的擊球，以及彼此了解嘗試建立親密關係時，意圖和注意力聚焦就變得至關重要，意志也在前景中扮演著必不可少的角色。

生活中的許多困難都源自對意志的錯誤運用，有些體驗只有在意志退後到背景中時才可能出現，比如親密、歡樂或愉悅；當我們自大地試圖有意識地強迫自己進入這些體驗時，必然會陷入麻煩；有些體驗則需要處於前景中的意志和處於焦點下的意圖，比如深刻認識另一個人，或真正解決人際衝突。若天真地僅跟隨自己的意識還希望得到最好的結果，必然會遇到麻煩。

大多數心理治療師在執業後便會發現，如果不想讓治療降級成某種馬後炮式的解釋，就必須在傳統精神分析對動機解釋的基礎上，補充對意志的欣賞。其中一種做法，是解釋動機，但又不承認意志對現狀共謀式的參與——既不承認意志的主動參與，也不承認意志的被動參與，它將人排除在解釋之外，並鼓勵自利偏差、模糊惡意；另一種做法則聚焦於意志，卻又不把意志放在動機和環境的背景來認識，它將個人看作對自己心理全然洞悉、無所不能的操控者，但是人們仍難以相信這樣的存在。

為了逃避失望，放棄索求的男人

流行文化告訴我們，來電的感覺在愛情中至關重要，沒有什麼比它更能調動人的主觀能動性。我們被告知，要嘛有興奮感，要嘛沒有。來電的感覺是一種闡釋愛情何以產生的原則，**它的根本目的，是為了強調「刻意」的意圖是徒勞的，以及強調愛情這件事和意志無關**。

然而，如果更細緻地觀察來電這回事，往往會發現大背景下盤旋著一種令人讚賞的意志，場景之外存在著潛意識意願的作用。

弗雷德（Fred）在某節諮詢開始時，表達了對自己行為的困惑。他於一年多前開始接受精神分析治療，就診原因之一是他和妻子幾乎完全沒有性接觸。他認為這主要是因為妻子對性的恐懼造成的。

他的妻子在十幾歲時曾被強暴，所以很長一段時間對性都沒什麼興趣，總是被動地等待弗雷德發起性活動。弗雷德覺得她的反應不太熱烈，只是一味順從，於是也喪失了興趣。這種來電的感覺消失了，而且這是她的錯。然而，弗雷德覺察到自己的情感生活也存在一些限制，覺得自己可能也負有一些責任。

在這一整年的諮詢過程中，我們已探索了一些重要的議題，弗雷德和妻子間的親密感在一些面向上也更加深厚。然而，性幾乎仍不存在於他們之間。在這節諮詢前的晚上，弗雷德的妻子猶豫著發出性邀請，卻被弗雷德拒絕了。他把她的猶豫視為反情慾、令人厭煩的，這也撲滅了他的慾望之火。

然而，當事後思考這件事時，他意識到對妻子來說，發出提議可能已經是非常不容易的事，這也許是妻子朝著他所渴望之親密關係方向邁出的一大步，可是他拒絕了。

弗雷德感到困惑，他覺得自己說的和做的是相悖的。對我來說，他的困惑則標示著一次珍貴的進展，是這一年諮詢工作中令人格外滿意的結果。**他開始覺察到自己偏離了自我中心，覺察到他不僅僅是自己體驗到的那個理性且有掌控力的主觀能動者，還有更多理性和控制之外的事情正在發生。**

在接下來幾個月的諮詢中，我們探索了他體驗的一些特點，這些特點影響了他在那個晚上的選擇。弗雷德拒絕了妻子的提議，因為他在等待其他事情的發生：他期待她的性展示是戲劇性的、有表現力的、明確無誤的、大膽的。猶豫暴露了妻子內心的衝突，也表明她的性展示可能會消失，而他害怕去回應那些也許會快速消逝的東西。

在關係初期，他曾經對她有強烈的渴望，如果他重新連結上了這些渴望，事情會怎麼樣呢？如果妻子再一次退縮，他能承受失去彼此間親密感的痛苦嗎？妻子可能的退縮也許會喚起他心中的憤怒，而他又能控制這些憤怒嗎？她的猶豫是一種缺乏安全感的信號，弗雷德深切感受到自己的慾望和可能的失望所帶來的風險和危害。

在另外一條敘事脈絡中，妻子的猶豫與弗雷德對母親的體驗產生了共鳴。在他童年時，母親時而活力飽滿、快樂洋溢，時而鬱鬱寡歡、退縮孤僻。他在那時就已經謹慎地和母親保持情感距離，以適應和習慣母親的狀態。他放棄了愉悅的親子時光，保護自己免於感受母親退縮時自己如火燒一般的孤獨感。

同樣地，弗雷德也讓自己習慣於放棄與妻子的性關係，而且已經變得對此既熟悉又舒適。他開始認識到，**儘管自己仍有渴望，但更害怕打破這種放棄帶來的平靜**。

如果妻子真的做到了他渴望的那種親密方式，事情會有什麼變化？我們沿著這條線探索，發現弗雷德的性體驗是複雜而衝突的。他最激情狀態下的性愛會讓人覺得他「把他人當動物一樣」，甚至有點像虐待狂。最令他感到興奮的，是那些他一點都不尊重和關心的女性；而對於那些他非常關心的女性，他傾向於用奉獻精神對待。

他把愛意體驗為一種敬拜神靈式的責任，把激情體驗為一種魯莽的剝削。弗雷德開始理解，儘管他渴望和妻子有充分表達、無拘無束的親密行為，但是他的愛意與攻擊慾有著尚未解決的緊張關係，且會在慾望中交會，這使他難以想像與妻子享有充滿激情的親密感，且同時不失去她。

在弗雷德拒絕妻子的幾個月後，另一個對他來說相當危險的因素逐漸變得清晰。弗雷德的父親在十幾歲時成了孤兒，有著滑稽的大男子主義思維，思想刻板僵化、為人孤僻。通常只有在大家族聚會這樣的場合，父親那疏遠的面具才會罕見地在醉酒後暫時放下。

在那些時候，父親會淚流滿面地講述自己不可能實現的幻想——和父母再次團聚。這時，弗雷德會感到和父親之間一股強烈的連結感，覺得彼此共享孤獨和渴望。

弗雷德與他人關係中的關鍵特徵，也開始在和我的關係中顯現，當在諮詢中處理各種與信任、焦慮相關的議題時，我感覺我倆的關係存在著一種溫暖的特徵，而且隨著時間推移，這種溫暖仍在持續加深。

然而，弗雷德發現我對待工作的方式十分專業，這既讓他欣賞，也令他感到厭煩。他覺得我就像他的父親一樣，遠離他、躲避他，不讓他知道我真正的情感世界。於是，弗雷德開始搜尋一些零碎的資訊，他認為這些資訊也許和我生活中的痛苦有關，和我必須對他以及其他所有來訪者隱瞞的渴望有關。

他的這些想像，在持續兩年多的療程中逐漸有了輪廓，其中一些想像尤為清晰，我也開始注意到，自己對這些想像的感受產生了變化。更早期時，我們探索了他對我隱藏的「情感深淵」的幻想和認知，這些探索讓我感到我們的關係充滿活力、十分重要。然而，隨著我對弗雷德的喜愛與日俱增，我開始發現他的某些信念讓我惱怒。

他堅定地相信，與我們之間真實發生的事情相比，他想像出的那種「他與我的痛苦之間的連結」更加真實。因此，我指出他透過想像我私下的痛苦來建構的親密感，不僅破壞了我們可能發展出的真正親密感，還導致距離感的產生。

事實證明這些探索非常有用，它的作用也很快得以顯現，可以類比弗雷德對自己和妻子關係的定位。他愛著妻子，渴望與她在性和其他方面有著更開放、深入的親密感。他確信妻子也深深愛著他，並體驗到一種飽含辛酸的渴望。這種渴望是他所能想像到最強烈的感受，就像在家庭聚會時他在父親身上瞥見的渴望一樣。

我們逐漸理解，弗雷德感覺自己和妻子永遠處在挫敗的狀態，卻又彼此渴望，這是他觀念中認為可能存在的最親密關係的理想形象。他們間微妙而互補的渴望，像枷鎖一樣把彼此鎖在一起，而真正的性愛只會減少這種渴望。**因此，如果弗雷德回應了妻子的性提議，他會覺得自己失去的比得到的多**。

任何富有成效的分析，都會帶來無窮無盡的動機和意義。心理動力學的闡釋是無限的，問題在於它們將如何影響弗雷德去追求自我理解，為更加令自己滿意的生活而努力。在整個過程間，弗雷德又會處於什麼位置？

弗雷德肯定不是維多利亞時代時，前佛洛伊德式的主觀能動者，即對透明的自我缺乏完全的指揮權。然而，弗雷德顯然在按自己的方式行事，或者更確切地說，他有幾種不同的方式，也有著不同程度的自我意識。實際上，**弗雷德在自己體驗中，同時處於好幾個不同且衝突的位置**。

弗雷德是個內心充滿恐懼，相信人皆有惡意，但又有自我調節能力的主觀能動者。他認為自己有著貪婪的慾望和致命的破壞性，並因此壓制這些慾望和破壞性；他也是一位具有奉獻精神、充滿愛心的主觀能動者，他在母親處於抑鬱狀態時保持著和她的連結，在父親處於令人窒息的渴望狀態時也保持著和他的關係；他還是一位自我保護式的主觀能動者，他把自己強烈的渴望當作最深沉、最珍貴的東西來保護。弗雷德就像我們大多數人一樣，熱切渴望一種沒有任何風險卻又敏感理想的性存在。

但從性的本質來說，它充滿了不確定性、複雜性和脆弱性。性激情不可避免地伴隨對自己的發現——自己的依賴、失望和攻擊；同時也無可迴避地伴隨著對他人的發現——自己賦予了他人喚起自己、滿足自己，以及令自己失望的力量，而這必然會給自己帶來影響。

對很多夫妻來說，這也是為什麼性會隨著時間推移而變成一種「例行公事」。所以並不是熟悉導致人們的興致缺缺，而是隨著相互依賴的加深，隨著共同生活更加複雜地交織，性激情也變得越發危險。

因此，我們不斷試圖把自己的意志擴展成一種完全的控制，幻想出某種全能觸手，纏繞在一切讓我們覺得脆弱和風險的體驗領域：性興奮、迷戀的狂喜、依賴、憤怒、悲憫和愧疚。弗雷德學習到，那天晚上他做出的選擇似乎與自己的想法相互矛盾，但是他之所以做出這樣的選擇其實有很多原因。**這個選擇源自他真實領悟到的信念、基於他在痛苦體驗中學習到的恐懼**。事實上，弗雷德把自己體驗為始終沒有達到完全覺察狀態的自我世界建構者，他的這種能力不斷增長，並最終成為他做出其他選擇能力的重要基礎。

來電的感覺到底是怎麼樣的？浪漫的興奮和性興奮，能完全出於自我的意志嗎？答案是，**我們不能按照自己的意志製造感受**。愛與恨都有微妙且複雜的偶然性，我們不能人為地使它們發生，而且它們一旦消逝，也不能憑藉意志使其重生。

然而，**除非我們有意願保持愛與恨，否則它們也無法長久維持**，這和稍縱即逝的吸引力與厭惡截然不同。我這裡所說的意願，不僅是簡單的意識層面意願，還有通常處在背景（前意識層面）或場景之外（潛意識層面）的意願。我們必須要有一個承諾，才能維持「愛人值得奉獻」、「敵人值得怨恨」的感受。那些痛苦地宣稱不再願意去愛或恨自己的人，只能覺察到意識層面的自己，但是愛或恨確實代表了在場景之外運作的另一層自己。

難以啟齒的三個字

查爾斯（Charles）接受了多年的精神分析。他和眾多女性發展了親密關係，多到令他感到壓抑。他發現自己無法忍受單身，並沉迷於追求和「拿下」新的女友。他精通於激起女性對他的興趣，而且能輕易陷入熱戀，他經常會迷戀那些難以接近的對象，而當追求的對方對他產生更多興趣後，他反而會陷入一大堆反芻般的思考：這真的是適合自己的正確人選嗎？自己真的對她感到興奮、真的愛她嗎？

隨著這種思考越來越多，他對對方的喜愛就越少，也開始因對方對自己的感情而窒息。在這種關係迴圈快結束時，他渴望著結束帶來的解脫，以及可以再一次自由追求各種女性的狀態。一旦單身，查爾斯就又開始取悅別的女性，並發展成新的迴圈。

經過數年的精神分析，他越來越清楚認識到這種關係模式的徒勞無益。在一段時期內，他能夠暫時放下自己對某位特定女性是否是正確人選的反芻思考，並真正對對方產生更真實的情感。

後來，他遇到了莎拉（Sara），和她在一起相處了快一年，共同體驗了幾段令彼此愉快的親密接觸。莎拉開始想讓他正視他們的關係，覺得到了應該告訴彼此「我愛你」的時間點。她已經說了好幾次，但是他都退縮了，這也讓莎拉再也緘口不提。

我覺得莎拉是一位情感上相當成熟的女性，她並沒有強迫查爾斯表白愛意，但也覺得缺乏愛意表達十分嚴重，可能表示兩人的關係已觸到天花板。莎拉讓查爾斯正視他們的關係，令他產生了一種危機感，他花了許多時間和我一起嘗試理清，自己在不同情況下對莎拉到底有什麼感受。

他注意到，自己在有一些時刻會感到「空氣中充滿著愛意」（love is in the air）。我很好奇這句話意味著什麼，這些時刻通常緊隨著強烈的共有體驗，例如引人入勝的對話，或者令人興奮的性愛。顯而易見，這種感受是他們之間關係的產物。但是，**是誰在感受？又感受到了什麼？**

對查爾斯來說，解決這個問題最簡單的方法，就是假定是莎拉感受到了愛，而不是自己。他只感受到了她對自己的愛，因此感受到了壓力，覺得要被迫表達一份自己從未真正感受到的情感。但是我們逐漸理解，這種描述並不能公正地反映實際情況。

對他來說，覺察自己的感受並不容易，因為查爾斯覺得自己有義務去滿足和控制他所想像中莎拉對自己的需要，甚至幻想接受測謊來辨別自己的真實感受。**當查爾斯把自己從自我施加的巨大壓力中釋放出來，說出自己沒有感受到愛意後，他反而開始意識到自己確實感受到了些什麼**。

他感受到了溫暖、依賴、感激、安全、愉悅等，但那是愛嗎？愛情會以預先包裝好的方式出現，然後等著被識別和命名嗎？或者愛情這個名詞本身使它變成了愛？隨著努力理清他的體驗，我們逐漸發現，在查爾斯對莎拉的感受中顯然存在許多我們認為是愛情的成分：親密感、連結感和深厚的情感。但是，他覺得如果要「墜入愛河」，就要把這些愛的組成部分組合在一起，形成一種他稱之為「愛」的承諾。

其中，正是意志在這種行動中起到了重要作用，促進／阻礙著對愛情的承諾。來電的感覺肯定有助於創造愛情，但對愛情的承諾也同樣存在，且這種承諾不能被簡化為愛情所蘊含的情感成分。正如許多人會做的那樣，**查爾斯沒有接受承諾的存在，而是假定只要出現真命天女，自己就會在那一天墜入愛河**。

我們可以透過傳統精神分析中的「投射」概念來理解這種情況。傳統精神分析會解釋道，查爾斯當然愛著莎拉，但是他太焦慮了，以至於不能允許自己有愛的感受。於是，他把自己的愛意投射到她身上，體驗到來自對方的愛，並透過疏遠她來控制她身上的愛。**愛意之所以充滿「空氣」，正是因為「空氣」是查爾斯投射愛的地方**。

我相信這種構想有一定的價值，但也容易誤導人。我認為，查爾斯在莎拉身上感受到的愛，並不僅僅是他的投射，也不只是他留駐在她身上的情感幻想——她似乎的確在那些時刻，感受到了自己對他的愛。

隨著我們對這種情況越深入探索，在下面兩種觀點間做出選擇的努力就越沒用。一種觀點是：愛意是莎拉的，但是他恐懼這種愛意；

另一種觀點則是：愛意是查爾斯的，但是他把這種愛意放逐到自我體驗的邊界之外。

我們似乎一直在談論這樣一種體驗：只有他們兩人身上同時感受到愛意時，愛情才能存在；愛意需要彼此共同參與，才能被點燃並持續燃燒。所以，從某個重要意義來說，他們對彼此的情感充滿了空氣。這不僅僅存在於他們中的某個人或兩個人身上，還有一種超越個人的特徵，跨越了自我與他人、主觀能動者與客體間半透明的邊界。

然而，查爾斯和莎拉在處理或組織感情的方式上，有個重要區別。莎拉想說「我愛你」，也希望查爾斯對她說這句話。我和查爾斯對莎拉願望的內涵思考得越深，就越清楚認識到，說出「我愛你」不僅是對預先整合情感的一次表達，也是語言學家所說的「行事句」（performative）。**告訴某個人我愛你，包含了種種其他的資訊和行動，更在這一過程中構建了其他的資訊和行動。**

這個過程在表達「我喜歡愛著你」、「我想愛你」、「我接受並擁抱我對你的愛」、「我想激發你表達你對我的感受」等。說出「我愛你」必然需要意志，需要查爾斯作為一個不同類型的主觀能動者行事，即主動承諾把莎拉囊括進更加全面的人際活動中。這是自我反思後的自我定義，需要對方給出認可的回應。

對查爾斯來說，**成為這樣的主觀能動者，需要他放棄那些更加熟悉的自我**，放棄當那個相信人皆有惡意、能夠控制自我和他人的主觀能動者，以及放棄當那個位於更深層次的、具有奉獻精神的主觀能動者。這個具有奉獻精神的主觀能動者，使他繼續保留著自己與母親的連結，而他私底下也懷疑過母親想獨占他，把抑鬱、渴望和他結合在一起。

情感、行為、語言之間的關係極其複雜，並且和具體背景相關。表達我「我愛你」所帶來的傳統壓力的確會影響關係，使人們覺得關係中存在強制性，覺得喪失活力。對查爾斯來說，關鍵在於決定自己是否想增加和莎拉關係的活力，是否想成為那類能夠做出決定，並承擔所有附帶風險的主觀能動者。

如果決定讓這段關係有所發展，那麼無論是否說出「我愛你」，他都需要找到一種能增進這段關係的方式。從這個意義上說，莎拉是對的。當兩人對彼此說出類似「我愛你」的話，**他們不僅是在表達發生了什麼，也是在努力決定未來能夠為自己和彼此成為什麼類型的主觀能動者**，決定他們的關係是否要加深、如何加深，以及這段關係的某些潛在發展路徑是否要提前關閉。

體驗，是萬物堆砌的成果

所有心理模式都建立在隱喻的基礎上。如果我們不去比較心理和其他事物，就不可能真正將其視覺化。佛洛伊德借鑑了他那個時代的物理學和科技，提出了機械式的隱喻，即心理是類似於液壓力一樣的東西，由像機械裝置一般的結構傳導。

我喜歡的心理模式，則是將心理過程比擬於諸如房屋建造或雕塑製造等人類活動。對這種建構主義的批評，通常集中於認為它沒有認識到心理結構的作用和過往經歷的力量，並頌揚一種沙特式的自我全能——如果是自己建構了自己的心理，而不是被心理所決定，就意味著我可以把心理變成任何想要的事物。但如果我們深入建構的隱喻之中，這些批評都可以得到解釋。前文已出現許多關於堆沙堡的比喻，但現在，我們要轉向蓋房子的比喻。

承擔建造工程的，是「三隻小豬股份有限公司」。其中一隻小豬用稻草建造了房子，另一隻用樹枝，還有一隻用磚塊。如今，三棟房屋都已建造完成，所使用的建材也為房屋帶來彼此相異的特性，以及特定的限制。

房屋雖不由材料決定，卻確實受到建造材料特性的限制。正如藝術家米開朗基羅（Michelangelo）用大理石來雕刻了作品《大衛像》（*David*），**大理石並不決定雕像的模樣，但肯定對雕像的最終形態產生了促進性和限制性的影響**。如果這座雕像是用黏土、鋼鐵或積木做成的，那麼它看起來將會非常不同。房屋和雕像都是被建造出來的，但是建造時所使用的材料也限制了其可能性。

同樣地，人類體驗也是被建構的。在意識層面、前意識層面和潛意識層面，分別由許多體驗維度構成：感知、記憶、想像、可獲得的文化形象和神話、身體感受等，所有這些都是心理建造過程中使用的材料。**體驗的每一個維度，都對其所能建構的東西的範圍施加了限制，但任何一者都不是結果的決定性因素**。

心理治療師和來訪者努力合作，建構關於來訪者體驗和共同體驗的敘事。這些敘事本身就是他們合作產生的建構，是關於建構的建構。精神分析式敘事，慣於用一種艱辛的方式探索來訪者做出選擇的複雜原因，也就是他們的動機；同時在意識層面和潛意識層面意義的背景中，認識來訪者做出選擇時所處的角色。

我們在各種情境中鍛煉著意志，但通常只能隱約理解這些情境的部分意義，或者甚至完全忘記這些情境的意義。精神分析師的許多技巧，在於和接受分析者合作，以發現一種「聲音」，透過各式各樣的主觀能動者追蹤意志的運作過程，並努力在承擔責任和迴避道德譴責間保持平衡。

因此，弗雷德與查爾斯所面臨的挑戰，也是布雷特、蘇珊、哈羅德、喬治、維若妮卡、凱西、卡爾、傑克、艾德、威爾所面臨的挑戰，**這些挑戰並非簡單地讓他們對自己的動機做出虛幻的最終闡釋，而是讓他們找到方式與自我感連結**，來體驗自我、體驗到自己是動機的主觀能動者，把這些動機化作意志的一部分並決心去實現它們，或者用意志去堅持（然後再放棄）。

自我理解的最終產物，與其說是一種特定的理解或正確的闡釋，不如說是一種自我反思形式的體驗，這種體驗既可以突破重複又令人挫敗的人際關係構成的封閉迴圈，也能維持主觀能動者與潛意識動機之間的張力。在此種張力中，意志過程將不斷把模糊難懂且零碎的心理過程，塑造成由自己主導的、複雜又令人驚奇的生命。

兩個人的沙堡

部分報章雜誌對於如何改善令人疲憊難熬的長期關係，都提供了不少建議，但**更好的做法，是花些時間反思自己的所作所為**。

自發的情感並不是用行動發掘的，而是透過克制自己習慣化的舉動，然後去覺察到底發生了什麼，就像信奉冥想者一遍遍地學習一樣。慾望和激情從不是人為設計的，但會出現在適當的背景中，意味著我們可以做許多事來構建這樣的背景，讓慾望和激情或多或少在其中出現。

與辨別我們在自發情感建構背景中承擔的角色相比，辨別自身在承諾的建構背景中承擔的角色容易許多。我們傾向於假定自己能全能地控制承諾，同時傾向於浪漫化自發情感中不受控制的現象。

人們建造城市、創造環境從無到有的過程，有時其實十分危險。但我們也把大自然和荒野浪漫化，似乎能透過橡皮艇或登山靴就簡單享受它們天然而原始的一面。但就愛情而言，**只有覺察到變化和轉變是處於主觀能動者控制之外的，我們才能做出並維持更深厚、更可靠的承諾。**

愛情中的浪漫承諾，必然意味著對某個不確定性過程的忠誠和奉獻，而不是某種靜止狀態。真正的激情並不分離自對安全和可預測性的渴望，而是帶著這些渴望保持一種持續而辯證的關係——與它的降級形式正好相反。如果想讓浪漫的戀愛，隨著時間推移仍保持活力和健康，關鍵在於**承諾不能太嚴苛以致超過了自發情感，自發情感也不能太僵硬以致阻礙了承諾**。

我們不斷加深自我理解的複雜性，這也反映了我們在不斷擴大對外部世界的現實認知。我們想要同時擁有許多不同的東西，也同時需要許多不同的東西：穩定與新異、擁有與渴望、認識與想像。在激情關係中，我們不斷感受到許多東西：慾望、脆弱、愛慕、背叛、憎恨、悲憫、愧疚，以及可能的新生。

不過，我們渴求的堅固穩定性究竟是現實，還是幻想呢？建造沙堡到底是使人遠離了生活，還是產生了更有活力、更有意義的生活領域？答案並不簡單。

浪漫中存在著精細複雜的悖論，對永恆和確定的渴望從慾望中浮現，並居於這一悖論的中心。**浪漫激情帶來了愉悅，愉悅又引發了對連續性和安全感的要求；如果把這些要求看得太重，只會扼殺自由和自發情感，而自由和自發情感又是激情首要的根基。**

詩人狄蘭．湯瑪斯在《蕨山》（*Fern Hill*）中寫道：「時間賜予我青春綻放，也讓我走向死亡，青春綻放也走向死亡，活著也持續改變，成長卻又消逝，為流動和暫時的限制所捕捉，卻也持續歌唱。」**浪漫是兩個人共築的沙堡，是激情的前提，但不是永恆的駐留之所。**由於浪漫不斷變化的本性，也就需要不斷重建。激情親密關係需要多重的連結，這種多重連結不可能被容納在單一而固定的安排中。隨著時間推移，持續不斷的改變不可避免地發生。就像尼采所說，即將到來的浪潮沖走了所有沙堡，使永恆的願望變成了謊言。

毫無疑問，浪漫的降級和浪漫不同面向的割裂都十分常見：我們所需要的穩定感和可預測感就像堅實的大地，建造的沙堡卻往往變化莫測。大地的堅實和沙堡的變化通常相互分離，正如浪漫的興奮感被影視作品或追星的激情代替、被部分地滿足。

親密關係類自助書籍的流行，也表達了人們普遍深切渴望著某種與浪漫關係相關的指南，渴望有個關係地圖，來幫助自己區分沙子建造的城堡與大理石建造的城堡，從而解決關係的緊張狀態。

解決關係的緊張、發現祕密、努力製造新鮮感，都無法培育浪漫。它需要兩個人都著迷於各自和共同創造的生活方式，都希望這種生活方式是彼此能夠依靠的。它必然意味著容忍那些由現實和幻想共同編制而成的脆弱希望，也必然意味著對浪漫之複雜本質的全然理解與接納——我們必須同時擁抱刺激感與安全感、新鮮感與穩定感，它們的角色在愛情的幻想與現實中不斷交錯，且同等重要。

國家圖書館出版品預行編目資料

愛能長久嗎？擁抱愛情的不可預測，更有智慧地去愛 / 史帝芬 . 米契爾 (Stephen A. Mitchell) 著 . -- 臺北市 : 三采文化股份有限公司 , 2025.2
面 ; 公分 . -- (Mind map ; 283)
譯自 : Can love last? : the fate of romance over time.
ISBN 978-626-358-537-9(平裝)

1.CST: 戀愛心理學 2.CST: 兩性關係

544.37014　　113015833

suncolor 三采文化

Mind Map 283

愛能長久嗎？

擁抱愛情的不可預測，更有智慧地去愛

作者｜史帝芬・米契爾（Stephen A. Mitchell）
編輯三部 副總編輯｜喬郁珊　外文編輯｜楊皓　選書編輯｜張凱鈞
美術主編｜藍秀婷　封面設計｜方曉君
版權負責｜杜曉涵　內頁編排｜菩薩蠻電腦科技有限公司

發行人｜張輝明　總編輯長｜曾雅青　發行所｜三采文化股份有限公司
地址｜台北市內湖區瑞光路 513 巷 33 號 8 樓
傳訊｜TEL:8797-1234　FAX:8797-1688　網址｜www.suncolor.com.tw
郵政劃撥｜帳號：14319060　戶名：三采文化股份有限公司
本版發行｜2025 年 2 月 14 日　定價｜NT$450